検事の素描

中尾巧
Nakao Takumi

中央公論新社

金沢ひがし茶屋街

加賀柴山潟

郡上八幡

T. Nakao

T. Nakao

右上：醍醐の春　右下：堺出島漁港　左：神威岬

フォートローダーデール運河

はしがき

検事には転勤が付きもの。私も三八年余の検事人生で一九回を数えた。検事はいわば土地に根付かない異邦人である。だからこそ、常に好奇心を持って赴任地を知り、人々と親しく交わることを心掛けていた。

十数年前に、赴任地の人々との思い出や風物などを綴ったものに、法務省から若手在外研究員として派遣されたアメリカでの見聞記を加えてエッセイ集『中之島の風景』（商事法務刊）を出版した。

今年の元日、最大震度七を観測した巨大地震と津波が石川県能登地方を襲った。あの珠洲市宝立町沖の名勝「見附島」（別名「軍艦島」）が往時の面影すらないほどに無残になかば崩れ落ち、同市沿岸部には津波が押し寄せ壊滅的な被害が出た。輪島朝市通り周辺は大規模火災で約三〇〇棟が全焼し跡形もない。地震発生から一か月間で、県内の死者は二四〇人（災害関連死一五人を含む）に上ったという。かつて金沢地検検事正として赴任した思い出深い土地だけに尚更痛ましい。心からご冥福をお祈りするばかりである。

兎にも角にも、またしても地震や津波の猛威を見せつけられ、人生一寸先は闇という思いを強くした。未だ数多くの被災者が過酷な環境で避難生活を強いられている。政府、自治体には、被災者の心身のケアや生活再建支援、インフラの復旧に万全を期してもらいたい。

今回、縁あって『中之島の風景』を新装することにしたが、タイトルを『検事の素描』に改め、新たに関係写真三十数点を掲載し、所要の加筆修正を行うとともに、「お宝鑑定」、「告訴調書」、「検察の広報」及び「明治期の刑事裁判記録」の四話を追加した。本書が読者の皆さんにとって一服の清涼剤になれば幸いである。

本書の出版に当たり、中央公論新社書籍編集局ノンフィクション編集部次長の疋田壮一さんには大変お世話になった。ここに記し、心からの謝意を表したい。

令和六年二月

中尾　巧

目次

第二章　各地にて　59

第三章 アメリカあれこれ —— 149

カバー画・挿画・写真／著者
カバー：釧路湿原
装幀／中央公論新社デザイン室

検事の素描

第一章
金沢つれづれ

主計町秋

1 横町うらら館

町営「横町うらら館」は、鶴来にある。

鶴来は、霊峰白山の水を集めた手取川がちょうど加賀平野に流れ出るところにあって、古くから、白山七社の一つ金劔宮の門前町や物資の集散地として栄えた歴史ある町である。桐の産地で、一刀彫りの獅子頭でも有名だ。

今年（平成一二年）のお盆前の休日、妻と二人で北陸鉄道石川線の野町駅から二両編成の電車に乗って鶴来に向かった。鶴来という町の名に惹きつけられ、一度訪れてみたい衝動に駆られたからだ。

単線の普通列車に揺られ、車窓の景色をぼんやり眺めながらの約三〇分。鶴来駅に着いた。

横町うらら館

軒下のポスト

町の中心部を目指して歩き出した。徐々に古い町並みが顔を見せてくれるようになった。

ようやく、「萬歳楽」の造り酒屋「小堀酒造店」の風格のある店構えが目に入った。屋根といい格子といい、古くからの伝統と重みを感じさせる。

少し歩くと、妻が、

「まあ、かわいい」

と言って、前方を指さす。

古い二階建ての木造建物の軒下に、昔懐かしい円筒形の郵便ポストが見えた。

「懐かしいなあ」

と、思わず口に出た。その前に立つと、木訥とした筆跡で「ふる里つるぎ　横町うらら館」と書かれた木の表札が掛かっていた。

軒下の木札には「無料休憩処」とある。ちょうど、昼時なので、中に入って持参の弁当を食べることにした。

玄関を入り、

「こんにちは」

と声をかけると、上品な顔立ちの老婦人が、

「どうぞ、どうぞ。お好きな部屋で休んでください」

と笑顔で招き入れてくれた。

土間で靴を脱ぎ、パンフレットをいただき、いろりのある部屋に上がった。中の間から奥の間に入ると、縁側から恰幅のいい老人が顔を出した。

「どうぞゆっくりしてください」

と言ってくれる。つい引き込まれてしまうほどの気持ちの良さがある。

隣から先程の老婦人も、

「冷たいお茶もありますから、すぐに用意します」

と、笑顔で言ってくれた。

こんな親切な無料休憩所は初めてだと思いながら、甘えてその場に座らせてもらった。弁当を広げ、昼食を取り始めると、老婦人が奥の台所から冷たいお茶を運んでくれた。縁側から涼しげな風が入って来る。部屋から眺める庭もなかなか味わいがある。縁側に沿って土間があるのが珍しい。

昼食を終えると、老婦人も老人も親しげに話しかけてくれる。二人とも、「横町うらら館」に立ち寄った旅人を世話する町のボランティアだそうだ。

三八豪雪に耐え

「横町うらら館」のある鶴来新町は、昔「横町」と呼ばれていた。

この町の方言で、「私」のことを「うら」といい、私たちを「うらら」という。「横町うらら館」は、この昔懐かしい旧町名の「横町」と、方言の「うらら」を重ねて名付けられたとのこと。これを考えた人のセンスは素晴らしい。また、旅人も「うらら」の一人となってほしいとの願いもあるという。

「横町うらら館」は、かつて「小松屋」という商家のものだった。敷地一七〇坪、間口七間半、奥行き九間で、一階に八室、二階に七室がある。

建物は、七代当主の「小松屋幸右衛門」が天保三年（一八三二年）に建てたと伝えられているが、初代当主がこの地に住み着いたのは、慶長元年（一五九六年）ころに遡る。

小松屋は、江戸時代には加賀藩の年貢米を管理する「蔵宿」をしていたという。一四代当主が金沢に生活の本拠を移すに当たり、建物が取り壊わされることになったが、鶴来町では、いわゆる三八豪雪にも耐えた、江戸時代の商家という歴史的な建物を壊すより保存・公開し、観光施設として利用すべきものと考えた。平成九年四月、建物を譲り受けて整備し、翌一〇年四月、旅人の無料休憩所としてオープンさせたという。

裏側にある蔵は、ちょっとしたイベント用に利用されており、元々土蔵であったものが石蔵に改造されただけあって、中に入ると、確かにひんやり感じる。

一階の茶室や土地の物産等を展示している部屋などを見て回って、奥の間で一休みしていると、老婦人が、

「庭に降りられたら」

と勧めてくれる。どこか余裕のある庭である。床の間の紅殻の壁に掛かる書のおおらか

掛け軸の書

な運筆の雰囲気に合っているのかもしれない。

話好きな老婦人は、

「この家は一時集配郵便局になっていたんです」

と教えてくれた。軒下に郵便ポストがあることの謎が解けた。パンフレットを見ると、明治六年に集配郵便局になったとのこと。

稀有の活用法

老婦人の話が続く。

「当主がお医者さんのときもありました。そのときのものですよ」

と言いながら指さした。見ると、薬の受渡しをしていたと思われる小窓が表の部屋との間にあった。

一時間近く居た後、妻と共に、老婦人に心からお礼を言うと、先程の恰幅の良い老人も事務所から出て笑顔で見送ってくれた。爽やかな気分になって「横町うらら館」を後にした。

歴史的な建造物を文化遺産として保存し、それを単に鑑賞するものとしてしか活用されていない事例が少なくない。「横町うらら館」のように無料休憩所として利用し、町のボランティアがここに訪れる旅人をもてなすという活用方法は、極めて稀有な事例であろう。「横町うらら館」での心温まるもてなしは、文化遺産のあるべき活用を考える一つの示唆を与えてくれるもののように思えた。(注)

（北國新聞　平成二二年八月二四日）

（注）最近では、貴重な古民家などの歴史的建造物を登録有形文化財にして、貸店舗や民泊施設などとして活用し、その収益を建物の改修・修理費用に充てることで文化遺産を守る動きが広がっている。大阪、京都、滋賀、愛知などの府県では「所有者の会」も発足し、情報の共有やイベント企画などを進めているという（令和六年一月二四日付読売新聞）。

2 北前船の里

北前船の豪商といえば銭屋五兵衛が名高い。

北前船は、船主が回船問屋を兼ね、大坂と蝦夷地（今の北海道）を往復する馬関（下関）廻りの航路をとり、立ち寄った港で商売しながら廻る買積船である。

大坂で北陸の米などを売り、大坂や瀬戸内各地で塩、紙、砂糖、木綿、雑貨などを買い、函館、松前等で身欠き鰊、〆粕、昆布などの海産物を仕入れて売買し、内地との物価の価格差を利用して一航海千両といわれる巨額の富を築いた。江戸時代後期の一八世紀後半から明治一〇年代にかけて隆盛を誇り、北陸各地でも銭屋を始めとして多くの北前船主が輩出した。

現在の加賀市橋立町には、往時の豪勢な暮らしぶりを偲ばせる北前船主の家屋敷がいくつか残されている。酒谷《さかや》家の本家もその一つである。建物は、昭和五七年一一月に酒谷家

北前船の里資料館

から加賀市に譲渡され、同五八年一〇月から「北前船の里資料館」として一般公開されている。

資料館発行の解説書によると、建物は、明治九年に五代目酒谷長兵衛（長平）が建築したもので、敷地は約三二〇〇平方メートル、土蔵・物置八棟を含めた建物の延べ面積は約九七〇平方メートル、部屋数も合計一七室あるという。

大広間は三〇畳も

平成一二年の秋、資料館を見学する機会を得た。

案内してくださったのは、橋立町出身で、

大広間

加賀市の料亭「新保」の女将・福島絹枝さんである。

絹枝さんの後に続いて、妻と一緒に、オエといわれる大広間に上がった。

広さが三〇畳もあって、柱にはケヤキの八寸角、梁には巨大な松、座敷に通じる正面大戸には秋田杉の一枚板が使われている。

豪壮な造りに圧倒され、奥に進んで行くと、絹枝さんが、妻に、

「そうそう、昔はここから出入りできてね」

などと、閉じられた雨戸に触りながら懐かしそうに言う。子供のころによくこの家に遊びに来たそうだ。

絹枝さんは、自分の家のような感じで、

「この奥には、お風呂がありましてね」

北前船の模型

と言って廊下を曲がって行く。

突き当たりには風呂場があった。結構な広さで、漆喰の白壁が風呂場であることを忘れさせる。

新座敷の天井板は樹齢千年以上の屋久杉のようだ。床柱も高価な桑の木が使われている。縁側格子戸の上の通し柱は、四間（約七メートル）もある一本木だ。財力に任せて北前船で直送させたのであろう。

また、各部屋の展示品はどれ一つとっても見応えがある。橋立一の北前船主の西出孫左衛門や久保彦兵衛ら各船主所蔵の品々も展示されていた。実物の二〇分の一の北前船の模型、船往来手形、船箪笥、和磁石、船絵馬、帆縫い用具などのほか、当時の栄華さを誇る花嫁衣装や道具などもある。

奥納戸に展示されていた船徳利は、船の中で倒れないように底が広く平らになっていて、

注ぎ口の首も長く、その形といい、図柄といい私の好みにあった。そう思って眺めていると、お酒の飲めない絹枝さんが
「これで飲むといいですね」

と言いながら豪快に笑われた。その笑い声は気持ちよく響く。絹枝さんは北前船で活躍した人々の豪快さやおおらかさを受け継いでいる女性に違いない。

そう思うと、絹枝さんが江戸時代に男として生まれていたら、橋立一の北前船主になっていたかもしれないとつい想像してしまう。私の勝手な想像に気づかれたわけでもないのに、絹枝さんが、

「三代前の私の先祖もこの家で働いていたと思いますよ」

と、さらりと言うのには少々驚いた。

日本一の富豪村

建物の二階に上がると、印半纏《しるしはんてん》や古文書などが展示されていた。その中に、大正五年に発行された「生活」（博文館刊）という月刊誌があって、当時の橋立村を「日本一の富

豪村」として紹介する記事が載っている。

これによると、橋立村は、小塩と橋立の両大字に分かれて戸数が各一五〇戸くらいで、村には五〇万円以上の資産家が軒を並べ、五万円以上の家に至っては村の半数以上を占めていたという。

もっとも、大正時代になると、隆盛を誇った北前船も衰え、船主の多くは、他の事業に転じ、失敗するものも少なくなかったが、当時の五万円といえば、現在の四億円から五億円に匹敵する。これだけの資産を持つ家が橋立村の半数を占めていたというから驚きである。

興味が尽きないまま、資料館を後にし、加賀温泉駅に向かった。その途中、絹枝さんが、

「最近、情緒がなくなりましたね」

とつぶやいた。

「そうですね。世知辛くなりましたね」と相槌を打つ。

「昔はよかったですね」

と、絹枝さんはしみじみと言う。

駅前で絹枝さんにお礼を述べてお別れしたが、北前船の里を訪れ、その人柄に惹かれて

いただけに、

「情緒がなくなりましたね」

という一言が耳に残った。

情緒は、折にふれて起こる感情、情思あるいはそのような感情を起こす気分、雰囲気のことをいうが、最近の世の中の風潮を見るにつけ、北前船で活躍した人々と今の日本人とでは情緒に対する感性が違ってきたように思われる。

北前船の盛衰のように万事移り変わることは仕方のないことかもしれない。それが厳しい現実といえばそれまでだが、そうあってほしくないという想いが強い。情緒を感じ取り、これを大切にする心は、失いたくないものである。そんなことを考えさせられた一日であった。


（北國新聞　平成二二年一〇月二三日）

3 九谷と出会う

九谷焼は余りにも有名である。

私の九谷焼は、五月の連休、能美郡（現能美市）寺井町の「九谷茶碗まつり」に出かけたときから始まった。会場には、六〇余の店のテントが張られ、九谷焼の品々が所狭しと並べられていた。品定めをするだけでも楽しい。

ふと、コーヒーカップが目に止まった。全面に赤をほどこし、中国風の人物が彩色鮮やかに描かれている。初めて見る配色と絵柄だ。これでも九谷焼なのかと思いながら、コーヒーカップを手に取って眺めていると、店の人が、

「もくべいです。渋い赤がいいでしょう」

と言う。

「もくべい」といわれても、何のことか分からない。私が、

木米のコーヒーカップ

「九谷焼ですか」

と、的外れな質問をするので店の人も呆れ顔である。九谷焼の知識のなさを恥じながら、「もくべい」というコーヒーカップを買い求めた。

熱に浮かされたかのように会場を一回りして、やっと我に返ると、両手に持ちきれないほど買い込んでいた。その日から九谷焼の魅力に取り憑かれてしまったのである。

調べてみると、あの「もくべい」とは、「木米」という字を書き、京都の文人画家「青木木米」の手による伝統画風のことだという。

九谷焼の歴史

九谷焼は色絵磁器の代表である。その歴史は、明暦元年（一六五五年）ころ、加賀・大聖寺藩の初代藩主前田利治が後藤才次郎に九谷の地、現在の加賀市山中温泉九谷町に窯を開かせたのが始まりとされている。これが花鳥風月を斬新な構図で描く「古九谷」であるが、享保一五年（一七三〇年）ころ、突如、廃窯されて消え去った。

その後、文化三年（一八〇六年）ころ、加賀藩が京都から青木木米を迎え、その指導のもと、金沢の卯辰山の麓に春日山窯が開窯された。以後再興九谷の時代に入り、文政六年（一八二三年）ころ、緑・黄・紫・紺青の四彩で仕上げた重厚な「吉田屋」、天保三年（一八三二年）ころ、宮本窯で焼かれた赤絵一色の細密描画の「飯田屋」、天保一二年（一八四一年）ころ、洋絵具で描く赤絵・金彩の「庄三」、慶応元年（一八六五年）、京都から招いた陶工「永楽和全」による京焼金襴手の豪華絢爛な「永楽」と、次々と時代を代表する画風が生み出された。

明治以降、九谷焼は、藩の支援を失うが、輸出の道が開け、ジャパン・クタニとも称されるようになった。今や、国内で知名度が高く、産業として内外に販路を広げ、伝統的な画風を受け継ぎながら発展している。

焼物の魅力

この数か月、暇を見つけては、九谷焼の店に立ち寄ることが多くなった。

何となく皿や壺などが雑然と陳列されている店には、足が遠のいてしまう。その反対に、もう一度立ち寄ってみたいと思う店は、必ずといって良いほど品揃えに心惹かれる。そんな店は、お客に何を買ってもらいたいのか、店の主人の九谷焼に寄せる想いや考えが伝わってくる。店で品定めしたときは気に入って買い求めたものの、使っているうちに飽きがくるものもある。

花器などは、生ける草花によっても表情を変える。盛りつける料理を生かすも殺すも器次第といわれる。器として日常で使われてこそ、その良さが分かるものである。

焼物は、土と炎が織りなす芸術だといわれている。

素人の作品でも、時として自然のいたずらで素晴らしいものが焼き上がるという。有名な作家であろうと、無名の職人であろうと、自然の力には抗することはできない。名もない職人の手になるものであっても、人々に日々使われているうちに、人々の目や手に馴染んでくる。そんなものの中にこそ名品があるのではないかとも思う。

九谷茶碗まつりで買い求めた品のうち、二つの茶碗は、作家物ではないが、私も妻も大いに気に入っている逸品である。いつも夕飯の食卓に上る。茶椀が白い御飯の味を引き立たせてくれる。

その一つの茶碗の内側には「来る人も又来る人も福の神」と書かれている。これが何とも良い。茶碗が私たちを歓迎しているような感じがする。

もう一つの茶碗の外面には、淡い緑彩で「春夏秋冬」の四文字がのびやかな筆致で書かれている。その四文字は、春夏秋冬、いつも平凡で穏やかな日々を約束してくれているようだ。

茶碗などの器に文字を書き込むと、器が本来持つ良さを失わせることが少なくない。器と文字との微妙なバランスを保つことは言うほどに簡単ではない。それを可能にするのは、鍛錬された作り手だけが持つ感性ではないかと思う。

形に味、機能も優れ

九谷焼の急須

九谷焼の茶碗のほかに気に入っているものに、急須がある。

木米、吉田屋などいろいろな図柄があるが、いずれも注ぎ口に特徴がある。普段見慣れている筒型ではなく、鳥のくちばしを連想させ、半開きで先が尖っている。その姿、形に味がある。スチール製の茶こしも付いている。注ぎやすく、後始末も簡単で、機能的にも優れ、使う者の身になって工夫されているところが、素晴らしいの一語に尽きる。

心惹かれる九谷焼に出会うと、そこには、日々の生活の中で培われてきた先人の叡智のようなものを感じる。昨今、ＩＴ革命の時代だといわれ、情報化が進んでいるとはいえ、人間の叡智を大切にしないと、氾濫する情報という海に沈んで何も見えなくなってしまうような気がする。

兎にも角にも、ここ金沢で、数々の九谷焼に巡り会い、日々、潤いのある生活が送れる喜びを感じている。友人や知人にも、少しでもこの喜びをお分けしたいという気持ちから、金沢のお土産には、私好みの九谷焼を差し上げているが、結構、評判が良い。

参考文献

矢ヶ崎孝雄著『九谷焼　産業と文化の歴史』日本経済評論社刊（一九八五年）

（北國新聞　平成一二年一二月四日）

4 じぶ煮とうどん

昼食は、昔から好物の「うどん」に決めている。

大阪勤務になると、地検近くの馴染みの店でほぼ毎日のようにうどんを食べていた。都合がつかず、数日でも店に顔を出さないと、病気ではないかなどと心配してくれる女将がいる。こんな私なので、金沢への転勤が決まったときに、「金沢でも昼食にうどん食べられますかね」などと冗談を言って心配してくれる人もいた。

幸い、金沢地検の周辺には、何軒かのうどんやそばの店があるので、大いに助かっているが、驚かされるのは、メニューの豊富さである。

その一軒のうどんのメニュー表を見ると、「きつねうどん」に始まり、「海草うどん」「牛ぎゅううどん」「野菜あんかけうどん」「にしんうどん」「海老天うどん」等が続き、最後の「エビチリうどん」まで二〇種類もあった。食い道楽と言われる大阪を凌いでいるよ

じぶ煮うどん

うにも思われた。このメニュー中に「じぶ煮うどん」があった。何人かの金沢出身の人に聞いてみたが、残念ながら「じぶ煮うどん」のことを知る人はいなかった。

そこで、試しに出前注文して食べてみると、なかなか見た目も味も良く、金沢の郷土料理の「じぶ煮」という煮物を入れ込んだうどんであった。

じぶじぶ煮込む

じぶ煮は、野鳥の肉、野菜、「すだれ麩」を一緒に煮込んだ加賀料理である。「シチュウ」が原形だという。材料の野鳥の肉は、一般的に鴨肉か鶏肉が使われている。野菜は、セリ、生椎茸、ユリ根のほか、季節の旬のものが使われる。「すだれ麩」は、金沢特産の麩で、原料のグルテン（小麦蛋白）に合わせ粉として米粉が混ぜられており、すだれのような凹凸がある。ちなみに、やき麩は小麦粉を、生麩は餅米の粉を合わせ粉として用いている。

じぶ煮の伝統的な料理法を調べてみた。

セリ一〇本、生椎茸一片、すだれ麩一片を鍋に入れ、これにだし汁一カップ、砂糖大さじ一杯、醬油大さじ二杯、酒少々を加えて中火でことこと煮る。これとは別にユリ根を蒸し器で柔らかく型くずれしないように蒸しておく。鴨肉、鶏肉は身をそいで小麦粉をまぶして、野菜が煮上がる寸前に蒸したユリ根と共に鍋に入れてこれを少し煮たあと、椀に盛りつけてわさびを天盛りにすると出来上がるという。

郷土料理研究家青木悦子さんの『金沢・加賀・能登　四季の郷土料理』（主婦の友社刊）を読むと、じぶ煮にまつわる話が興味深く紹介されているが、じぶ煮の名の由来については、諸説があるという。

まず、寛永年間に江戸で出版された『料理物語』に、「じぶじぶといわせ」云々としてじぶじぶ煮のことが書かれている。その後の延宝二年（一六七四年）の『江戸料理集』にも「じぶじぶ煮」と出ていることから、「じぶじぶ」と煮込む音に「じぶ煮」の語源があるとされる。この説は一応文献によるところもあって有力ではあるが、何となくおもしろくなさそうだ。

次に、文禄の役の兵糧奉行「岡部治部右衛門」が朝鮮から日本に伝えた豆腐料理が後に「じぶ煮」になったことから、「治部右衛門」の「治部」をとって名付けられたとの説がある。

さらに、前田家に召し抱えられた高山右近が連れて来たキリシタン宣教師ジブによって伝えられたので、そのジブの名に由来するという説がある。ロマンのあるこの説をもとに、加賀乙彦は、小説『高山右近』（講談社刊）で、右近が親しい宣教師からじぶ煮の料理方法を教わったという設定にしたという。

キリシタンの宣教師ではなく、オランダ人のジブが、加賀市片野鴨池の鴨を西洋風に料理することを教えたという話も伝えられている。もっとも、キリシタン宣教師にしろ、オランダ人にしろ、ジブという人間が実在したという確証はない。

そのほか、加賀藩士の「治部少佐」が考案した料理ということからその名が付いたという説もある。この「治部少佐」と「岡部治部右衛門」とは、その名からして同一人物と考えられなくもない。

いずれにせよ、じぶ煮は、その名の由来に定説がないほど伝統のある料理といえるかもしれない。

鶴の肉も使う？

このように歴史と文化の漂うじぶ煮は、何度か口にしているが、「じぶ椀」といわれる汁碗より大振りで平らな黒塗りの蓋付き椀に盛り付けられることが多い。実際に蓋を取ると、塗椀の黒に、具の緑、茶や汁の薄黄色の色が映え、配色が美しい。じぶ煮に「じぶ椀」という専用の椀が使われるところといい、金沢の人々のこだわりを感じる。

聞くところによると、じぶ煮は、日常の家庭料理というよりは、おもてなし料理に属するとのこと。古くは、限られた祝宴のときには野鳥の肉として鶴の肉が使われたという。そうだとすれば、じぶ煮の食し方にこだわるのは当然のことといえなくはない。

伝統や文化を守るには、ある種のこだわりが必要であるが、どんな時代になっても、伝統を承継しつつも、新しい価値を創造しようとする姿勢は忘れてはならない。じぶ煮を伝統的な煮物料理としてだけではなく、うどんという形で食することがじぶ煮に新しい価値を見出すことになるようにも思われる。

温かい食べ物が恋しい今日このごろ、じぶ煮うどんがこの金沢で広く認知されることを願っている。

（北國新聞　平成一二年一二月二五日）

5 能登の自然

能登半島東岸の七尾湾に浮かぶ「能登島」という美しい島がある。

平成一二年、兼六園に冬の風物詩といわれる雪吊りが姿を現したころ、能登島の民宿に泊まった。その日の夕食の主役は、富山湾で捕れた海の幸である。

舟盛りに舌鼓を打っていると、宿の娘さんが、

「アオリイカの生き造りです」

と言いながら、大皿をテーブルの上に置いてくれた。

大皿には三〇センチメートルもあろうかと思われるイカの刺身が盛られている。透き通っていて美しい。かすかに足が動く。生きている。食べるのがかわいそうに思えてくる。

一切れ口に入れると、何ともいえない美味しさである。

「うまい」

と、思わず口に出る。娘さんが、

「美味しいでしょう。捕ったイカはすぐに死んでしまうそうです」

と言う。そばから、古手の仲居さんが、

「捕ったらすぐに酸素を入れて運ばないと、生き造りはできないんです」

と説明してくれる。

「このアオリイカはどこで捕れたのですか」

「海です」

「どこの海」

「前の海です」

娘さんは自分の庭にある池のような感じで答えた。

「前の海とは富山湾ですか」

と、私は言わずもがなの質問をしてしまった。

娘さんは胸を張って頷く。

「他でも捕れるんですか」

「捕れますが、富山湾のものが一番です」

と、自信満々に明るく答える。

そうはっきり断言されると、「そうですか」というほかはない。

「アオリイカのアオリというのはどんな字を書くの」

「青い里と書いてアオリと読みます」

と、娘さんは言う。どうも納得できない。

形は泥よけの馬具に似ているが、後日、広辞苑を引いてみると、アオリイカは「障泥烏賊」と書き、ジンドウイカ科のイカをいい、胴長は四五センチメートルに達する。胴の全長に沿って広がるヒレを波打たせて泳ぐことが和名の由来とある。とはいうものの、本場で取れたての新鮮な魚介類を食することは最高の贅沢である。

能登の語源

こんな思いをした数日後、私は、金沢市内で乗ったタクシーの中で職員と能登島のアオリイカの話で盛り上がってしまった。

それを聞いていたタクシーの運転手が、突然、

「能登の語源はアイヌ語です」

と、独り言のように言う。

私は、一瞬、この言葉に新鮮な驚きを覚え、思わず、

「どうしてアイヌ語なんですか」

と問い返した。

「岬のことをアイヌ語ではノットというんです。半島は岬ですから、ノットがノト（能登）になったそうです」

と、運転手が親切に教えてくれた。

私が感心しながら、

「詳しいですね」

と言った。

「観光タクシーもしていますので、それくらいの勉強もします」

運転手が事もなげに答えた。その答えぶりが心地よく、何とも言えず愉快であった。

アイヌ語辞典で調べてみると、岬のことは「ノット」ではなく、「ノットゥ」（ｎｏｔｔｕ）となっている。

須曽蝦夷穴古墳

　また、ジョン・バチラー著『アイヌ語より観たる日本地名研究』（昭和四年・文録社刊）によると、能登は「アイヌ語のｎｏｔ－ｏから出来ていると考えられます。之を意訳すると、『鈍角な岬』又『太い岬』『頤の如き岬』となります。アイヌ達が岬を形容する場合、太い鈍角な岬を頤で以てなし、之と反対に尖った鋭い岬を鼻を以て形容致します。能登も此れの類で、ｎｏｔは顎を云ひ、ｏは持つ、即ち『頤持つ』で太い鈍角な岬を云うのであります」と極めて明快な解説がなされている。

　能登という地名の語源は、アイヌ語であるとすれば、かつては、北海道、樺太、千島列島に居住していたアイヌ民族と能登の人々とは交流があったに違いない。

　あの能登島は、「蝦夷島」ともいわれており、島の高台には、七世紀中頃に築かれた「須曽蝦夷穴古墳《すそえぞあなこふん》」があるの（注）も、能登が蝦夷（北海道）とつながりがあったからであろう。当時、能登島は、北方へ向かう海上交通の拠点でもあり、この地の人々が、大和政権に従い、蝦夷地征伐の水軍の一員に加えられ、北の海に向かったともいわれている。

最近、能登島を再び訪ねることができた。能登島の対岸に建ち並ぶ温泉宿やその周辺の風景が何となく、以前より観光化の波に流されているように思えた。

ふと、能登島の民宿で出会った純真な娘さんのことを思い出し、ここに住む人々の心まで観光地化されていないだろうかと、つい不安になってしまう。

物事の移り変わりは世の常とはいえ、大切に守り続けなければならない自然と人の真心を忘れてはならないと思う。

（注）須曽蝦夷穴古墳は、国指定史跡として築造当時の姿に復元整備されて史跡公園になっている。公園入口には「蝦夷穴歴史センター」があって、須曽蝦夷穴古墳から出土した遺物や縄文から中世に至る遺物などが展示されている。

（北國新聞　平成一七年一一月一七日）

6 蘇った主計町

主計町

金沢市内を流れる浅野川沿いに、「主計町《かずえまち》」という町がある。

芸者と格子戸に彩られた主計町茶屋街があり、金沢が生んだ文豪、泉鏡花の生家跡に近く、鏡花がこよなく愛したことでも有名である。

町の名は、慶長年間に加賀藩二代藩主前田利長に仕え、大坂冬の陣や夏の陣で武勲を立てた「富田《とだ》主計重家《かずえしげいえ》」の屋敷がこの地にあったことにちなんで「主計町」と名付けられたという。

住居表示に関する法律

歴史の香りを漂わせた由緒ある町名は、昭和四五年に「住居表示に関する法律」に基づき尾張町二丁目に変更されてその名が消えた。

この法律は、合理的な住居表示の制度とその実施についての必要な措置を定め、昭和三七年五月一〇日に施行された。この二年後には、東海道新幹線が開通し、東京オリンピックが開催されている。

昭和三〇年代後半から四〇年代というと、日本経済が急成長し、近代化、合理化に邁進した時代である。正に住居表示の合理化は、その流れの中にあったといえるが、その当時、非戦災都市であった金沢市は、住居表示の境界が極めて複雑で、入り組んだ道、曲がりくねった坂、要所要所に設けられた広見などで防御できる加賀藩の城塞都市構造をそのまま残し、江戸八百八町を凌ぐ九三三の町名がひしめいていた。

この法律の施行に際し、自治省は、金沢市を住居表示の整備対象の実験都市として指定したのである。このような城下町で住居表示の整備が成功すれば全国各地での実施に弾みがつくという思惑があったという。

町名変更

金沢市は、全国に先駆けて、昭和三八年四月に条例を制定して住居表示整備作業に取りかかり、順次、町名を整理・統合した。その結果、五二〇ものの町名が相次いで消え去ったが、「近江町《おうみちょう》」や「十間町《じっけんまち》」などは住民の反対が強く、当時の町名が守られたところもある。

変革を嫌う土地柄といわれながら、徹底した町名変更が推進されたところをみると、当時の金沢市の関係者のみならず、市民の多くは、自治省に実験都市に選ばれたことが名誉であるという意識があったのではないかと思われる。誇り高い金沢市民にとっては当然の選択をしたといえなくはない。

これとは対照的に、当時の京都市では、住居表示の整備に地元住民が反対したため、町名変更は実施されず、由緒ある町名が無形文化財として守り抜かれた。住民の対応の違いがおもしろくもあり、意味深長でもある。

旧町名復活

時は移り、昭和五四年度から、金沢市では、歴史のまちしるべ標柱設置事業として、失われた旧町名のうち、歴史的に特に由緒があって市民に親しまれているものを選び、その名を石柱に刻んで街角に建てて標示することを始めた。これは、町への愛着心や理解を深める一助とするというものであった。

こうした中で、平成三年には金沢経済同友会が失われた旧町名の復活に向けての提言を行い、これが契機となり、旧町名の復活を求める地元住民等の運動が活発となった。

金沢市も、その実現に向けて本格的に取り組み、消え去った「主計町」、「下石引町《しもいしびきまち》」、「飛梅町《とびうめちょう》」等由緒があって現行の住居表示制度の枠内で変更可能な旧町名については、地元住民はもとより、法務局などの関係機関とも復活のための協議を重ねたという。

遂に、平成一一年一〇月一日、「主計町」の旧町名が全国で初めて二九年ぶりに復活し、これを祝う「主計町復活祭り」が三日間にわたり盛大に催された。

復活記念式典では、山出保・金沢市長は、挨拶で、「自分の住んでいる町の名前に誇りを持つ。その誇りが町の愛着につながる。さらに、その愛着が住む人同士の連帯へとつらなる。この連帯の心が、まちをつくると考える」と、旧町名復活の意義について述べている。(注)

地元紙（北國新聞同日付夕刊）も、「元住民は、歳月を経て、ようやく取り戻した『主計町』の名に感慨を深め、町の歴史、文化を生かした、まちづくりを期した」と報じた。人々の「まちづくり」にかける意気込みが伝わってくる。

主計町の町名復活後、主計町通りの小路を豆砂利舗装にし、行灯型の街路灯を設置するなど金沢情緒を醸し出す試みも始まった。

さらに、平成一二年四月一日には、「下石引町」と「飛梅町」の旧町名が三六年ぶりに復活し、その後も他の旧町名の地元住民から町名復活を求める動きが広がりを見せている。

現在、従来の枠組みが根底から変わるような大きな波が押し寄せている変革期であるとはいえ、旧町名が消え再び蘇る様を見るにつけ、時代に押し流されず、真に守るべきものを見極めてこれを守って生かしていく強さが求められているのではないだろうか。

（注）全国地名保存連盟会報四二号参照。なお、旧町名復活の経緯については、金沢市都市

政策部まちなみ対策課・歴史伝統地区整備室長疋田健二「旧町名復活への道のり」（同号所収）が詳しい。

（入管OB会報　平成一三年・第一五号）

追記

平成一五年には、「木倉町《きぐらまち》」、「柿木畠《かきのきばたけ》」の旧町名が復活した。翌一六年三月二五日、「金沢市旧町名復活の推進に関する条例」（条例第三号）が成立し、同年四月一日施行された。前文には「かつて金沢は、その土地の歴史を刻み、人々の営みや、情景を映す多くの由緒ある町名を有していた。これらは、かけがえのない貴重な歴史的文化資産であり、私たちの記憶として残されている。時の経過とともにこの記憶が薄れつつある今、町名の持つ意義を学び知ることによって、私たちの町と郷土への誇りと愛着を新たなものとし、さらにこれらを地域における相互の交流と自らのまちづくりに活かしていくことは、良好な地域社会の形成を図るうえで重要である。ここに、私たちは、由緒ある町名を復活し、これを後世に継承するため、この条例を制定する」とある。

金沢市のホームページによると、平成一六年から令和三年までの間に復活した旧町名は、「六枚町《ろくまいまち》」、「並木町《なみきまち》」などの二〇町を数えるという。

7 野田山

金沢市の南部に自然豊かな野田山がある。

かつては野端山といわれ、標高約一七五メートルの山の斜面には、五万から六万基ともいわれる墓がある。墓地の始まりは、天正一五年（一五八七年）、加賀藩祖前田利家が兄の前田利久をここに埋葬したときに遡るという。

前田家の墓所

夏の盛りの蟬時雨の中、前田家の墓所を訪ねた。

木立の中、汗を拭き拭き、二〇〇段を超える階段を登り詰めると、ようやく利家らが眠る墓所に辿り着く。目の前に利家の正室芳春院（お松の方）の墓がある。その左隣には利家の墓があった。一基の石標に刻まれた「加賀能登越中國主」という文字がなぜか目を引く。三国の覇王となった利家の想いがそうさせるのであろうか。

芳春院の墓の右隣に二代藩主前田利長の墓がある。芳春院が、夫の利家に寄り添い、我が子の利長を隣に見ながら眠っているという感がある。

見方を変えれば、芳春院の墓は、その左右に配置されている利家と利長の墓に守られているようにも見える。芳春院は、利家の妻として、その内助の功が高く評価されている。徳川家と前田家の融和のため、自ら進んで人質となって江戸に下り、利長が没するまでの一五年間、江戸に在住したことを考えると、その労に報いた墓の配置ともいえそうだ。

利家の石標

ところが、芳春院の墓と利長（法名　瑞龍院）の墓の間の参道を少し登ると、利長の正室玉泉院の墓があり、その左隣に前田

玉泉院の墓

利久の墓があった。この二人の墓が野田山の最上段にあることに、何となく違和感を覚えた。

利久の埋葬が野田山墓地の始まりであるとされていることを考えると、利久の墓が最上段にあるのはそれなりに理解できるが、なぜ玉泉院の墓が最上段にあるのか。そんな疑問を残したまま、野田山を下った。

玉泉院

玉泉院は、織田信長の五女（四女説もある）永姫。二代将軍徳川秀忠の正室お江与の方（小督）とは従姉妹の関係にある。織田家は、前田家から見れば主家に当たるので、その血筋を引く玉泉院を特別扱いして野田山の最上段に埋葬したのではないかという考えが浮かんだ。

調べてみると、野田山の利家（法名　高徳院）と芳春院の墓の上に玉泉院の墓があるのは、前田家が織田家に対する忠誠の証とする意味で、玉泉院の死後も手厚く遇したという説があった（二木謙一監修『前田家三代の女性たち　國學院大學石川県文化講演会の記録』一四七頁参照）。しかし、なぜか腑に落ちない。

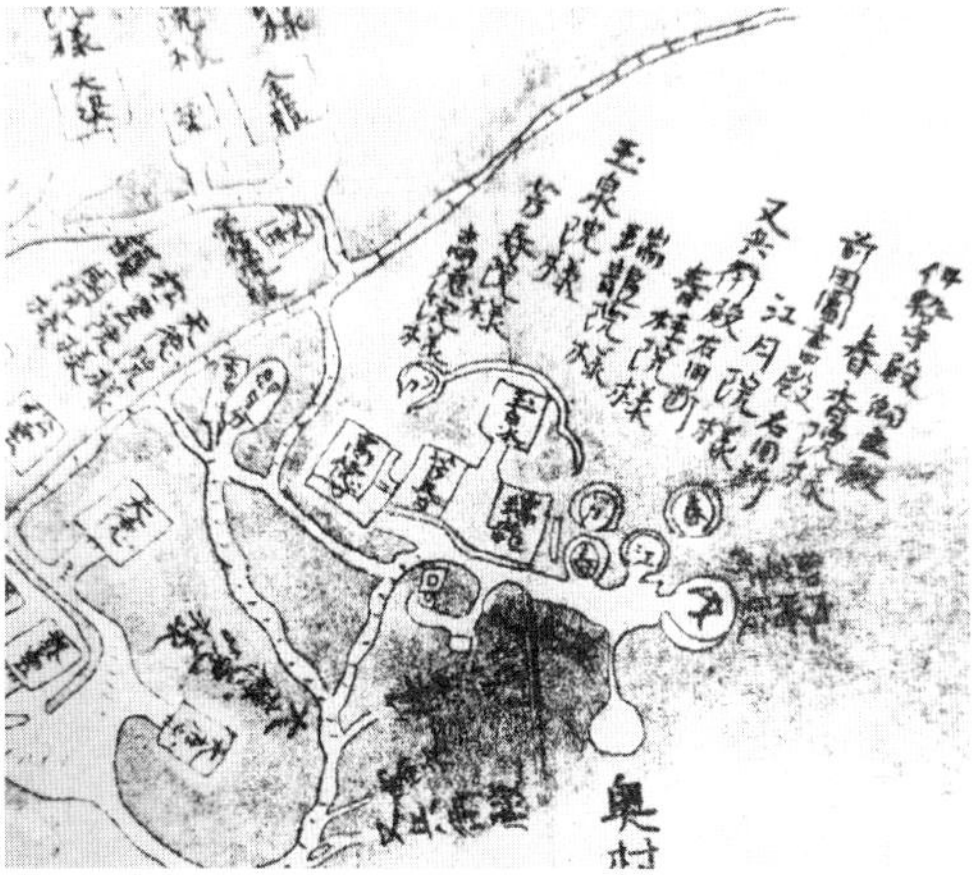

高徳院様御墓所図（一部）

なるほど、前田家の墓所の現状は、利家ら各人の墓の周囲に個別に柵が張り巡らされ、その間の参道が整備されているため、玉泉院の墓も独立して最上段に配置されている形になっているが、埋葬当時は現状と趣を異にしていたと思われる。

そこで、金沢市立玉川図書館で野田山墓地の

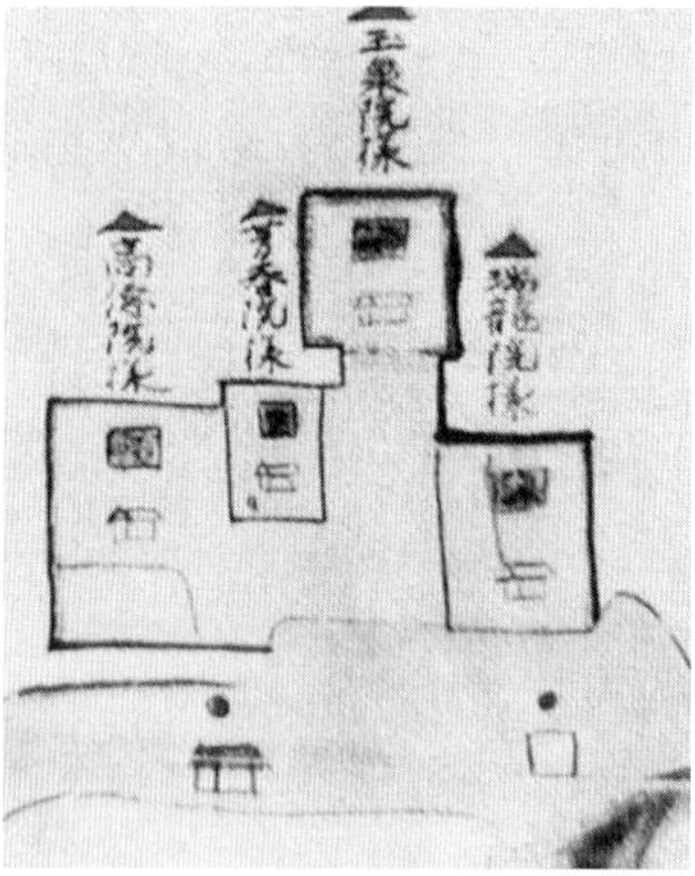

野田惣御廟の図（一部）

古地図等に当たってみることにした。所蔵の野田山墓地図（高徳院様御墓所図　年代不詳）の写しを見ると、玉泉院の墓は、利家や芳春院の墓から見れば、その右斜め後方にあるように見える。何やら、東側にある利家の墓が最良の場所であるようにも思われてくる。

　さらに、金沢市発行の「野田山の墓碑を訪ねて」と題する冊子の表紙に使われている古絵図（野田惣御廟の図　年代不詳）を見ると、玉泉院の墓は、利家、芳春院、利長（法名　瑞龍院）の墓と共に、一つの枠で囲まれて描かれており、全体で一つの墓所のように見て取れる。案外、玉泉院は、芳春院と同様、藩祖利家の墓所の一画に葬られている夫の墓の傍らに埋葬されただけで、当時としては、野田山の最上段に埋葬するという意図までなかったのかもしれない。

利常の思惑

とはいえ、玉泉院が没した元和九年（一六二三年）といえば、三代藩主前田利常の時代である。利常の正室は徳川秀忠の次女珠姫。玉泉院より一年前の元和八年（一六二二年）に没して天徳院と号した。

利常は、天徳院を、野田山ではなく高野山に新たな墓所を造って埋葬している。(注)これは、利常の天徳院に対する愛情の深さを物語っているが、それと同時に、徳川幕府に対する最大の配慮ないしは忠誠を示すものである。

利常は、その居室に御水尾天皇直筆の「忍」一字を掛け軸（「成巽閣」蔵）として掲げ、幕府の疑惑の目に堪え忍びながらも、徳川家に代わる公儀が出来するときを想定していたという。このような利常が、仮に、織田家に対する忠誠の証として殊更に玉泉院を野田山の最上段に埋葬したのであれば、そこには何か隠された思惑があったのではないだろうか。

利長が没したのは、慶長一九年（一六一四年）である。その墓は、当初、利長の居城の高岡城下にあって、後年、野田山に移葬されたといわれているが、移葬時期については未だ明らかではなく、没後一〇年以上経過している可能性が高いという説がある。そうだとすれば、一六二三年に没した玉泉院が野田山に葬られた後に、利長の墓が高岡から移されたことになる。

しかも、利常は、利家の側室の子（四男）でありながら、利長のお陰で三代藩主となったため、利長に対する恩義の情は殊の外強く、父親である利家に対する思いを遙かに凌ぐものがあったという。それは、利常が利長の菩提を弔うために建立した、曹洞宗高岡山瑞龍寺の伽藍の壮観さを見れば容易に推察できる。

仮説

当時の時代背景に利常という人物像を重ね合わせると、一つの仮説ではあるが、利常は、いわば聖域というべき藩祖利家の墓所に利長を移葬して同列に扱うことによって、利長の恩義に報いようとしたのではないだろうか。

ただ、当時の藩内情勢からすると、利長の威風が残る高岡城下の利長の墓を簡単に移すことはできなかったと思われる。利常としては、移葬するための大義名分を必要としたのではなかろうか。

利常は、まず、利長の正室である玉泉院が織田家の姫であったことを利用し、織田家に対する忠誠を示すためとして、玉泉院を野田山の最上段である藩祖利家の墓所の一画に埋葬し、次いで、利長を妻と同じ墓地に葬るという口実を設け、そのような周到な手順を踏んで、高岡城下にある利長の墓を事も無げに移したのではないだろうか。あくまで憶測の域をでないが、玉泉院の墓には、そのような利常の思惑が隠されていたように思えてならない。

視点を変えると物事は違った見方ができるものである。単純に見えたものが、実は複雑であったり、その逆であったりする。

今日、先行き不透明な時代といわれるが、このような時代であればこそ、ますます複眼的な思考が求められるように思うのである。

（注）墓は寛文一一年（一六七一年）五十回忌のときに野田山に移葬されている。

参考文献

二木謙一監修『前田家三代の女性たち　國學院大學石川県文化講演会の記録』北國新聞社刊（二〇〇〇年）

（北國文華　二〇〇一年春号）

第二章
各地にて

淀屋橋付近

1 お宝鑑定

「開運！なんでも鑑定団」というテレビ番組がある。

毎回、骨董好きの人が自慢のお宝を出品し、自らの評価額をボードに書き、専門家の鑑定を待つ。偽物も少なくないが、予想外の鑑定結果に驚かされるときがある。

刑事事件の捜査でも、証拠物として押収した美術品などの鑑定を依頼することがある。

昭和五〇年ころ、長野県諏訪の旧家の土蔵が破られ、日本刀四振などの古美術品が盗まれた。犯人が逮捕され、その自宅から発見・押収された被害品と共に地検に送致されてきた。この事件は私が担当した。

被害品の中でも、目を引いたのは二振の日本刀だった。一振は、刃文が美しく、すらっとした脇差（刃渡り約五四センチメートル）で、銘が「備前国盛光」とある。もう一振は、反りがかなり大きくて長尺の太刀（刃渡り約八九センチメートル）で、銘がないが朱の鞘に

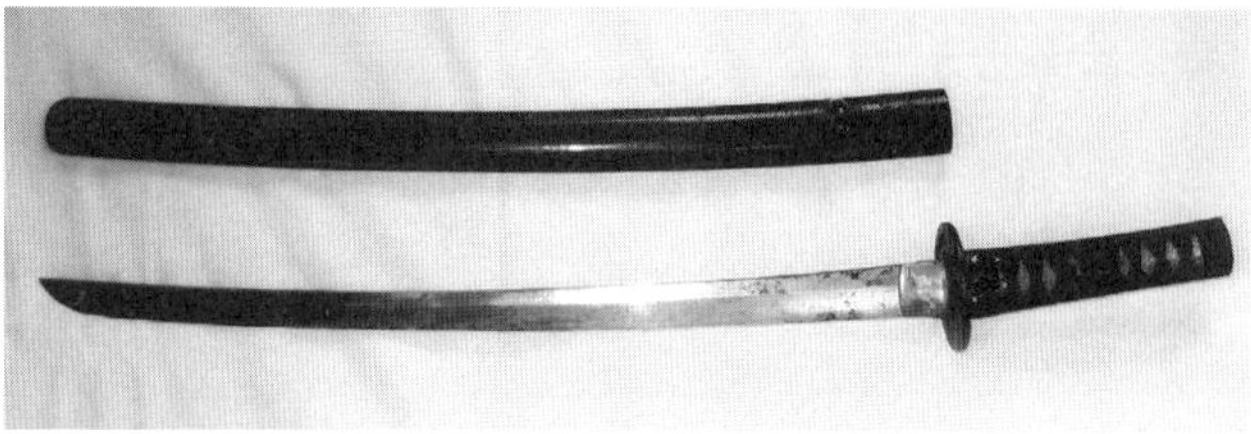

脇　差

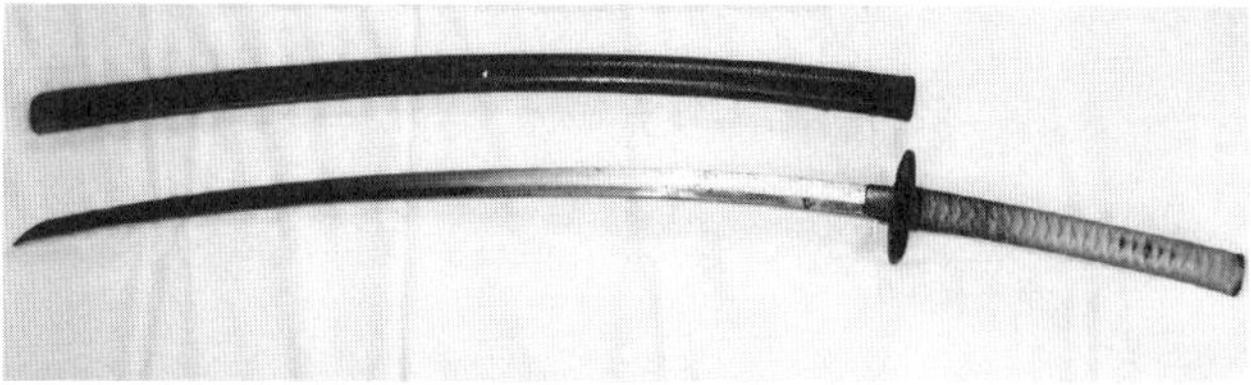

太　刀

唐草のような粋な文様があった。被害届では、いずれの刀も時価不明となっていた。当時、素人目に見ても、かなりの価値がある刀のように思われた。

時価不明のまま犯人を起訴しても問題はなかったが、念のため、警察に指示して、刀剣に詳しい古物商に鑑定してもらった。私の記憶では、脇差は、時価二〇〇万円、長尺の太刀は、馬上で使う非常に珍しい鎌倉時代の太刀ではあるが、時価は一〇〇万円という鑑定だった。古物商から、二振とも鑑定した価格の値段で直ぐでも買い取りたいとの申出があった。実際の時価は、おそらく鑑定価格をかなり上回っているに違いない。もとより、日本刀二振は、他の被害品と共に被害者に還付した。

被害にあった旧家は、明治・大正に活躍したアララギ派の歌人島木赤彦の旧宅。母屋は茅葺住居で、文化・文政年間（一八〇四年〜一八二九年）の建築物と推定されるとのこと。土蔵破り事件を契機に、建物の文化的な価値が見出され、昭和五四年に下諏訪町に移管された。昭和五七年三月には、同町の文化財に指定され、現在、「柿蔭山房《しいんさんぼう》」と称し、ほぼ当時の姿のまま一般公開されているという。

最近になって、赤彦のお孫さんが地検から還付された日本刀四振を保管していることを知り、知人を介し、その写真を撮らせていただいた。その中には、見覚えのある脇差や太刀の写真もあった。お孫さんが「開運！なんでも鑑定団」に日本刀二振を出品されたらどのような鑑定が出るのか、想像するだけでも楽しい。

（中日新聞　平成二〇年四月二二日）

2 当別トラピスト修道院にて

日本最古の修道院「当別トラピスト修道院」は、函館から西へ約三〇キロ離れた渡島当別の小高い丘にある。近くの葛登志灯台に因んで「灯台の聖母トラピスト大修道院」と呼ばれている。

当別トラピスト修道院への並木道

ポプラと杉の並木道

平成一八年の初夏、この修道院を見学する機会を得た。

渡島当別の丸山の麓に広がる牧草畑を

縦断する美しいポプラと杉の並木道を歩き、修道院を目指した。並木の間に修道院の屋根が次第に大きく見えてくる。コローの風景画を見ているようだ。ようやく正門前の階段下に辿り着いた。階段を登り切ると、鉄製の門扉越しに修道院の正面が見える。赤煉瓦造りで均整がとれた造形美が印象的だった。

若い修道士の出迎え

修道院の事務所に行き、事前に見学の予約を取っていることを伝え、案内を請うと、修道院の裏手に回るよう指示された。裏門で若い修道士が出迎えてくれた。後に付いて建物の中に入った。

修道士の穏やかな笑顔に安らぎすら覚え、

「お幾つで修道士になられたのですか」と訊ねてみた。

「私は二三歳で修道士を志願しましたので皆から反対もされましたが、若くして志願したことがかえって良かったこともありました。多くの修道士は三〇歳を過ぎてから決断するようです」

と、答える。

私も二三歳で結婚したので、その当時のことを思い浮かべながら、

「若いからできるということもありますね」

と言うと、修道士も頷いてくれた。

質素な聖堂

修道士に導かれて奥の聖堂に入ると、何人かの信者らしき女性が長椅子に座って祈っていた。内部は、白い内壁に細長い大振りのガラス窓が並んでいるだけだった。窓のガラスも、ステンドグラスではなく、普通の透明ガラスのようだ。

修道士の説明が続く。

「聖堂はこのように質素な造りです。正面の壁のマリア像は、木彫りで、舟越桂という彫刻家の二〇代の作品です。日本的なイメージで制作をお願いしたそうです。マリア像としてはやや細身ですが、両手でイエス様を抱きかかえているのがお分かりになりますか」

よく見ると、ほっそりとした両手で幼子が抱きかかえられている。その前に十字架らし

きものが吊り下げられていた。鳩が急降下する姿を象ったクルスとのこと。

修道士は、壁際のオルガンに近づき、その蓋を開きながら

「ルクセンブルク製のパイプオルガンです。音色ですが……」

と言って、弾き始めた。厳かな音色が聖堂内に響く。思ったより高い音だった。

修道院長の選挙

その後、修道士が集まる集会室に案内してもらった。部屋の正面には三つの椅子がある。中央が修道院長、左右が副修道院長と上席修道士の座る椅子とのこと。

「修道院長はどのようにして決められるのですか」

「修道士全員による選挙で選ばれます。過半数に達するまで選挙を繰り返します」

修道士の説明を聞き、ふとローマ法王の選挙を思い出し、

「過半数に達するまで煙突から黒い煙を出すのですか」

と訊ねた。

「そんなことはしません」

と、修道士は真面目な顔できっぱりと言った。

私としては、少々ばつが悪かったが、引き続き、

「修道院長には任期はあるのですか」と質問した。

「通常修道院長の定年は七五歳ですが、任期が六年の院長の場合もあります。選挙の前にあらかじめ定年までの院長とするか、任期六年の院長とするかを決めることになっています」

なかなか用意周到なやり方だと感心する。

集会室の壁には、歴代の修道院長の写真が掲げられていた。

修道士は、そのうちの一つの写真を指し、

「この方が創始者の修道院長ジェラール・プゥイエです。後に帰化して岡田普理衛という日本名を名乗りました」と説明してくれた。

次に、一階の玄関ホールに案内された。

修道士は、ホールの正面扉を開けた。突然、外光が差し込む。

「晴れた日にはここから津軽海峡が一望できるのですが、今日は生憎、雲が懸かって見えませんが……」

当別トラピスト修道院

言われるままに扉の外に目を向けると、視界が大きく開け、一本の長いポプラと杉の並木道だけが雲に向かってのびていた。それだけでも美しい。

トラピストの歴史

二階の資料展示室に案内してもらった。

展示室には世界中のトラピスト修道院の所在地を示す大きな地図がある。

その前で説明を受けた。

当別の修道院は、男子修道院で、創立は明治二九年。この年にフランスからトラピスト九人が来日し、当別の丸山の麓で荒野を開き修道生活を始めたそうだ。今年（平成一八年）が創立一一〇周年に当たるとのこと。日本には男子修道院が函館の当別と大分の二か所に、女子修道院が函館の湯の川、那須、西宮、伊万里、大分の安心院の五か所にあるという。

トラピスト修道院は、シトー会に由来する。

シトー会は、聖ロベルトが一〇九八年にフランス・ブルゴーニュ地方のシトーの荒野に新しい修道院を創立したことに始まる。その後、ノルマンジィー地方のトラップ修道院が労働を修道生活に取り入れるようになった。この影響を受けた修道士がトラピストと呼ばれるようになった。トラピストは聖ベネディクトの戒律に従い、数多くあるカトリックの修道会の中でも、より厳しい生活を続けているという。

修道士の日常

当別の地では、三三人の修道士が厳しい戒律の下に生活していた。日課は、午前三時三〇分起床し、祈りと労働と読書をし、午後八時に就寝する。修道士は、四〇人くらいの作業員と共に農耕や酪農に精を出し、生活の糧も得ている。ここで作られるバターやバター飴は美味しく、お土産としても有名だ。

資料展示室の壁には創立一〇〇周年を記念してプロのカメラマンが撮ったという写真が飾られていた。

一年間にわたり、修道院に泊まり込んで撮影したそうだ。いずれも修道士の日常や修道院の四季などを撮影したものである。厳しい戒律の中で充実した生活を送る人々の姿がプロの目で見事に捉えられていた（北海道新聞社編『四季のトラピスト』北海道新聞社刊参照）。

この展示室は、かつて修道士が寝起きする共同部屋だったが、現在では、修道士は昭和四九年に増設された北棟の個室で寝起きしているという。

「共同生活を経験した修道士から見れば、個室は贅沢に映るそうです」

と、修道士は微笑みながら言った。時代の波はこの修道院にも確実に押し寄せているように思えた。

屋根の段差

回廊を一回りしたころ、修道士から内窓から外を見るように促された。

「屋根の高さに段差があるでしょう」

なるほど、二階建ての煉瓦造りとはいえ、西側の棟の屋根が南側の棟より一段低い。南側の棟は明治四〇年、西側の棟は昭和一二年の竣工だという。それぞれの時代の経済事情が反映されている。通常、トラピスト修道院は建物を継ぎ足しながら回廊を造っていくので、屋根に段差がある建物は珍しいものではないそうだ。

見学を終えて

見学を終え、修道士にお礼を述べると、穏やかに会釈してくれた。その顔立ちは、若々しく見えるが、実際は私の息子と同じ年頃ではないかと思った。

「何年のお生まれですか」

「昭和四七年生まれです」

「私の息子も昭和四七年です」

すると、修道士は、

「私は一生独身ですから……」

と、つぶやいた。その一言が心に残った。

これ以上問いかけることが憚られるように思えた。清らかな空気を吸わせていただいたことに感謝して修道院を後にした。

（法曹中部　平成一九年第八四号）

3 札幌ファッション

検事には転勤が付きもの。

私の場合、一八回を数える。赴任先では、その土地の様々な風物に触れ、新鮮な驚きを覚えることが少なくない。

私の前任地は札幌。北海道は、本州と比べ紫外線が強いので、帽子は、女性にとって必需品だ。札幌ではほとんどのデパートの帽子売り場は、目立つところにあって、スペースが広く、品揃えも豊富だった。街でも、帽子姿の女性が目に付く。特に、若い女性は、自分に似合う帽子を好みの洋服や靴などと自由に取り合わせていた。また、老若男女とも、一年を通じてジーンズ姿の人が他の土地よりも多いように思う。雪道でも、ジーンズなら裾が汚れるのを気にしなくてもいいので、なかなか便利だ。お陰で、私は今もジーンズを重宝している。

札幌大通公園

北海道は、夏が短く、春秋はもっと短い。一年の半分が冬である。春・夏・秋物の販売期間は極めて短い。女性が短い春・夏・秋を精一杯オシャレして楽しむのも当然の成り行きだろう。

街で着物姿の女性を見かけることも多い。湿気が少ないせいか、夏物の着物も自由に着こなしていた。冬は道路が凍りつき滑りやすくなるが、靴は、ハイヒールまでも滑り止めのついたものが売り出される。このような環境にあって、特に女性は自然とファッションセンスが磨かれるようだ。

アパレル業界に詳しい人から、「札幌は、ファッションの流行の発信地だ。アパレルメーカーは、その年に流行しそうなものを一足先に札幌の店で売り出す。売れると、東京でも流行する確率が高い」と教えられた。この話を聞いて合点がいった。

兎にも角にも札幌は、アパレルメーカーの注目の街なのだ。毎年、各メーカーは商品の販売期間が短い札幌で、一年の流行を先取りするためにしのぎを削っているのだろう。

（中日新聞　平成二〇年六月三日）

4 花火と伝統

毎年、全国各地で、数多くの花火大会が開かれる。

日本三大花火といえば、秋田県の「大曲の花火」、茨城県の「土浦の花火」、新潟県の「長岡の花火」である。残念ながら、子供の頃よく見た「富田林ＰＬの花火」は入っていない。東海地方なら、全国選抜長良川中日花火大会が代表的なものの一つだろう。

平成一九年七月二八日、この長良川中日花火大会を見るため、妻と名古屋から電車で岐阜に向かったことを思い出す。

途中の車中で、浴衣を着た多くの若者達を目にした。女性達は、思い思いの浴衣を着て、好みのファッションをうまく取り入れている。髪飾りも伝統的なものとはほど遠いが、全体を見ればそれなりに着こなしている。男性の方は、着物を着慣れていないせいか、胸元がはだけ、だらしなくも見えるが、それはそれなりに様になっている。

若い世代が浴衣を個性豊かに着ているのを見ると、微笑ましくもあり、良き伝統が引き継がれていることを実感する。

岐阜駅前の臨時バス乗り場は長蛇の列。最後尾に並んで進み、ようやくシャトルバスに乗ることができた。バスの窓から、道行く若者達が見える。手にはお弁当だろうか、籠や袋を持ち、丸めたござを脇に抱えている。花火大会を心から楽しもうとしているようだ。

長良川の花火

バスを降り、金華橋を渡って長良川の堤防沿いに歩いた。人混みをかき分け、やっとのことで会場に着いた。

既に、河畔は多くの老若男女で埋め尽くされていた。色鮮やかな大輪の花火が夜空を彩る様は圧巻だ。真夏の風物詩として歴史を感じる。

次々と打ち上げられる花火は、それぞれ花火師の個性が感じられる。打ち上げの都度、光と爆音の迫力に、あちこちから歓声があがる。「笑顔」と題する花火が打ち上がった。誠に微笑ましい。スマイルが夜空に浮かんでいる。時間を忘れ夜空を見上げていた。

ふと、グスタフ・マーラーの「伝統とは、火を燃やし続けることであって、灰を貴ぶことではない」という言葉が浮かんだ。

（中日新聞　平成二〇年七月一七日）

5 無声堂

平成二〇年の夏、数年ぶりに友人の藤巻元雄弁護士と名古屋で再会した。

彼と私は司法修習二四期で、共に学び遊んだ仲だ。彼は新潟県弁護士会の野球部監督を三度も務めるほどの野球好きである。愛知県弁護士会との練習試合の指揮も執ったそうだ。

彼との再会前に、「どこか観光したいところがないですか」と訊くと、

「明治村に移築されている旧制四高の武術道場『無声堂』を見たい」

と言う。

その訳を訊くと、彼の恩師「清野春彦」先生が四高柔道部出身で、先生の名札が道場に掛けられているからだという。私自身、明治村には数回訪れているが、四高の道場のことは知らなかった。

早速、明治村のホームページをみると、明治村の四丁目三四番地に四高の武術道場「無

無声堂の名札

声堂」がある。大正六年、柔道、剣道、弓道の三つの道場を兼ね備えた武術道場として金沢市に建てられた洋風建築物だ。

猛暑の中、明治村を訪れた。無声堂は、やや目立たない場所に移築されていた。

中に入ると、天井が高く、かなり広くて明るい。床は弾力がある。「身心自在」と書かれた扁額が目にとまる。板壁には、数段にわたりびっしりと、小さな木の名札が掛けられ、明治、大正、昭和のそれぞれの時代に生きた四高生の名前が書かれていた。

二人して清野春彦先生の名札を探すも、なかなか見つからない。

突然、彼が「あった」と大きな声を出した。「清野春彦」の名札が目に入った。

早速、名札を指さす彼の姿を写真に撮った。満足そうな彼の顔が三五度を超える暑さを少し和らげてくれた。

彼は、清野先生から、寝技重視の四高柔道について聞かされ、無声堂が井上靖の自伝的小説『北の海』の舞台でもあることを知ったという。

清野先生は、旧制新発田中学から四高、東大に進んだ後、新潟県弁護士会の重鎮として活躍された。特に、新潟水俣病訴訟でも中心的な役割を果たし、また、新潟刑務所の篤志面接委員として受刑者の更生にも尽力されたが、二年ほど前に亡くなられた。病床で「明治村を訪ねたい」と話されていたそうだ。

（中日新聞　平成二〇年九月二日）

追記

令和五年三月下旬、藤巻弁護士から近況を知らせる手紙が届いた。その中に、「三月二〇日、犬山城と明治村を訪問してきました。無声堂で清野春彦先生の名札と一五年振りに再会してきましたが、お兄さんの春雄さんの名札を見付けることができませんでした。しかし、最上段に「井上靖」の名札を見つけることができ少し感激しました。井上靖はペンネームだと思っていましたが、本名だったのだと知りました」とあった。

6 中之島の風景

中之島は堂島川と土佐堀川に囲まれた東西約三キロメートルの細長い中州である。今でも「浪速八百八橋」といわれた水の都の景観をとどめているが、大阪が誇る行政・経済・文化・情報の拠点となっている。

ここには、大阪市役所、日銀大阪支店、大手民間企業の本社ビル、大阪市中央公会堂、大阪府立中之島図書館、大阪市立東洋陶磁美術館、国立国際美術館、大阪市立科学館、大阪府立国際会議場、大型ホテルなどが建ち並び、中之島公園の緑と花々が彩りを添えている。平成二〇年には、新交通「京阪中之島線」が開通し、中之島には、「なにわ橋」、「大江橋」「渡辺橋」「中之島」の四つの新駅が生まれる。(注1)

大阪高検・地検が入居する中之島合同庁舎は、堂島川の対岸に位置し、二一階の検事正室からも中之島を一望することができる。毎日、中之島新線工事の進捗状況を眺めているが、堂島川に架かる田蓑橋の南詰の一角に、大きな駐車場と空き地が目に付く。そこは、歯が抜けたようにも見え、不協和音を発しているようで、中之島の雰囲気を少々壊している。

かつては、ここに大阪大学医学部の建物があった。昭和五八年に大阪市が「市制一〇〇周年記念事業」の一環として大阪市立近代美術館（仮称）の建設計画を立ち上げ、その後、この医学部跡地を建設用地として購入し、作品の収集にも努めていた。

佐伯祐三作品

大阪市が夭折の天才画家佐伯祐三の作品を数多く所蔵していることは意外と知られていない。その多くは、大阪の実業家山本發次郎コレクションから寄贈されたものである。

佐伯は、大阪府西成郡中津村で生まれ、大阪府立北野中学校卒業後、東京美術学校西洋画科に進み、藤島武二に師事した。

代表作はパリで描かれたものが多い。大阪市のコレクションの中には、代表作の「郵便配達夫」のほか、「ロシアの少女」やパリの街角などを描いた「レストラン（オテル・デュ・マルシェ）」「街角の広告」などがある。(注2)

佐伯ファンならずとも近代美術館の一日でも早い建設が望まれていたが、最近になって、大阪市は、財政難を理由にこの建設計画自体を白紙撤回したため、今後の跡地利用計画については見通しすら立っていない。(注3)

大阪市中央公会堂

ここで思い出すのは、大阪市中央公会堂建設のために私財一〇〇万円を寄付した北浜の株式仲買商「岩本栄之助」である。

公会堂は、この資金を元に建設が始まり、大正七年に完成した。当時の一〇〇万円を現在の貨幣価値に換算すると、約六〇億円になるだろう。栄之助は、第一次世界大戦を境に事業に失敗し、公会堂の完成を見ることなく、その二年前にピストル自殺を図って三九歳の若さでこの世を去った。

公会堂は、「中之島公会堂」ともいわれ、大正ロマンが色濃く残る名建築として後世に

大阪市中央公会堂

残った。老朽化が進んだ公会堂は、復元保存・再生工事が行われ、平成一四年一二月に国の重要文化財に指定された。夜間にはライトアップされ、その美しい姿は、多くの市民に親しまれている。

ともあれ、関西財界は、観光都市基盤の整備と魅力ある街づくりに意欲的に取り組んでいると聞く。

中之島に架かる橋は、そのほとんどが民の手になる民間橋である。いつの日か、民の力で、中之島の地に大阪を代表するような近代美術館が建設され、それが大阪観光の一つの目玉になるのを心待ちにしている。

（大阪地検だより　平成一七年冬号）

（注1）京阪中之島線は、平成二〇年一〇月一九日開通した。京阪本線天満橋駅から中之島駅までを結ぶ約三キロメートルの路線である。
（注2）佐伯祐三の評伝については、阪本勝『佐伯祐三』日動出版部刊（一九七〇年）を、作品については、大阪市立近代美術館建設準備室・愛知県美術館編『生誕100年記念 佐伯祐三展』西日本新聞社事業局刊（一九九八年）を参照されたい。
（注3）平成二三年一月一三日付朝日新聞（夕刊）は、大阪市立近代美術館（仮称）について、「市が、建設費を以前の計画の約四割程度に抑え、約一一五億円（延べ床面積約一万六千平方メートル）とする新たな基本計画を、平成二三年度中につくることが分かった」と報じ、平成二四年三月までに美術館が完成しなければ、市は国に約四八億円の違約金を支払わなければならないことになるという。

令和四年二月二日、大阪市立近代美術館は、「大阪中之島美術館」として開館した。佐伯祐三作品を含め一九世紀後半から現代までの近現代美術を保管・展示している。

7 寺内町散歩

かつては畿内や北陸各地に多くの寺内町《じないまち》が点在していたという。有名な石山本願寺のあった大坂石山も寺内町の一つである。

寺内町とは、一向宗寺院を中心として濠や土居などで要塞化した都市をいい、二〇間×六間の倍数での町割りを基本とし、町の集落全体が寺の境内とみなされ、江戸時代を通じ自治権も認められていた。

富田林寺内町

大阪府の東南部に位置する富田林市にも寺内町がある。

同市教育委員会文化財保護課発行の「じないまち探究誌」というガイドブック等による

と、富田林寺内町は、戦国時代の一六世紀半ば、京都の興正寺第一六世証秀上人が、当時の南河内一帯を支配していた守護代から「富田」の荒芝地を譲り受け、近在の四か村の庄屋株をもつ「八人衆」に興正寺別院の建立と町割りをさせたことに始まるという。町割区画は六筋七町（後に八町となる）で、周囲が土居や濠などで防御されており、東西約四〇〇メートル南北約三五〇メートルの広さである。

江戸時代には、幕府の直轄地となり、近くを流れる石川の水運に恵まれ、東高野街道と千早街道が交差していることから、木綿・菜種・米等の集散地などとして栄えた。

元禄期になると、豊富な河内米と石川谷の良水を利用した酒造業が盛んとなり、寺内町の七軒の酒造高が河内全体の二〇パーセントを占めたという。

今でも往時の繁栄を偲ぶ重厚な町屋が現存している。

平成九年一〇月に、富田林寺内町は、大阪府下で初めて国の重要伝統的建造物群保存地区（全国で七〇余の地区が選定されているが、中でも京都の祇園新橋や飛驒高山の高山三町などが有名である）に選定された。

この町を愛する人々が、「富田林寺内町をまもり・そだてる会」を結成し、ボランティアで寺内町の町並み保存・維持のため地道な努力を積み重ねていると聞く。

旧杉山家住宅

旧杉山家住宅

最近、この会の大橋辰夫さんらの案内で富田林寺内町を歩いた。

現存する町家の代表格は、最も古い旧杉山家住宅である。

取り分け、大屋根は、妻が四層に畳み込まれ、その重厚さがひときわ華麗な景観を印象づけている。広々した土間は最盛期の賑わいを伝え、大床の間は能舞台を模し、その二畳の床には、華麗な狩野派の障壁画が残されている。その背後に茶室もあり、様式に囚われない茶事が行われていたという。裏の土蔵には、杉山家で生まれ育った明治の歌人石上《いそのかみ》

大床の間の床

露子《つゆこ》（本名・杉山タカ）の書簡や遺品などが展示されている。

昭和五八年、富田林市は、旧杉山家住宅を購入して国の重要文化財の指定を受け、三年がかりで解体修理・復元し、一般に公開した。その解体修理・復元に要した費用は、住宅購入価格の倍以上かかったというから驚きである。文化財の保存・維持には莫大な費用がかかることは厳しい現実である。

旧杉山家住宅のほか、煙抜きの越し屋根が左右にある奥谷家、三層の蔵を持つ葛原家、若き吉田松陰が訪れたという仲村家などの町家が独特の風格を持って迎えてくれる。さしずめ、町全体が町家の美術館といってもよい。

城之門筋

城之門筋

町を南北に走る「城之門筋」は、日本の道百選（旧建設省）に選ばれている。ここを歩いていると、江戸時代にタイムスリップした感がある。中でも、興正寺別院の表門と鼓楼が町の中核として威容を誇っている。表門は伏見桃山城の門を移築したという。

町筋の道と道は、「あて曲げ」といって、わざと半間ほどずらして見通しを妨げ、外敵に備える工夫が凝らされている。

町家の二階の「虫《むし》籠《こ》窓《まど》」（屋根裏部屋の明かり取りと風通しのために設けられたもの）は江戸時代の木瓜型から明治以降の長方形型まで

それぞれ形を異にし、なかなか趣がある。

山家坂近くで、最近町家を改造したという陶器工房を見つけた。ひっそりと店を構え、町並みに溶け込んでいるのが気持ちがいい。おいしい和菓子が食べられる粋な店などがあればもっと素晴らしい。現代の新鮮な感覚を取り入れた新しい町づくりができないだろうかと思うが、そうなると、都会との違いもなく、かけがえのない町並みの趣までもが薄れてしまいかねない。

大橋さんらに案内されながら町中を歩いていると、この町をこよなく愛し、守り、育てようとしている人々の熱い想いと優しい心遣いがひしひしと伝わってくる。この歴史ある町並みを次の世代に守り伝えていくには新しい感覚・息吹を吹き込む努力と工夫が欠かせないと思うものの、その一方で、古き良き時代のものと程良くバランスを保っていくことの難しさを感じる。

（大阪地検だより　平成一八年春号）

8 歌は世につれ、世は歌につれ

「歌は世につれ、世は歌につれ」とは、うまく言ったものだ。

今年（昭和五四年）は、演歌の年だった。歌は、演歌が良い。

「あなた　なぜなぜ　わたしを捨てた。じんとお酒　心に燃えさせて　夢を追いましょもう一度」とは、今年、流行した渥美二郎の「夢追い酒」（作詞　星野栄一　作曲　遠藤実）の一節である。

惚れた男への未練と諦めとが交錯し、最後には未練が残る。そんな女心の悲しさを切実に歌ったものだ。小林幸子の「おもいで酒」も、同じ類型に属する演歌であろう。

今年の終わりを告げるＮＨＫの紅白で「夢追い酒」を聞きながら、こう考えた。

政情不安の波は、日本にも押し寄せた。総選挙で惨敗し、保守回帰を実現できなかった自民党。選挙前の予想を覆し、著しい躍進を遂げた共産党。退潮一途の社会党……。

おそらく、自民党の気持ちは、言うなれば「あなた（有権者）なぜなぜ　わたしを捨てた。……夢（衆参両院での安定多数議席の獲得）を追いましょ　もう一度」なのかもしれない。

しかし、連立政権時代到来の足音に耳を傾け、時代に対応し得るだけの明確な指針を確立することが急務であろう。その兆しも、ないではないが……。

政局から経済に目を転じれば、久しく続いた石油文明が重大な岐路に立たされた年でもあった。東京サミットは、先進諸国の最後の足掻きではなかったか。

「あなた（石油、イラン……）なぜなぜ　わたしを捨てた。……夢（新エネルギーによる高度成長）を追いましょ　もう一度」というのが、今年、いや、これからの日本経済の姿になりはしないだろうか。しかし、決して望ましい姿ではない。イラン革命とその後の国際情勢をみると、今こそ、日本経済は、この困難な低成長期時代を生き抜くために、真の意識の変革を迫られているのではないだろうか。

さて、検察は……。やはり、未練が残るか。それとも、既に、諦めているのか。

今年一年を謙虚に振り返り、未練を残さない検察、悪い奴を眠らせない検察、真実の追究を諦めない検察、果たして、そのあるべき姿は何か。来年も、それを追い求めなければならないだろう。

あれこれと、纏まらないことを考えていると、三井の鐘がなった。

（大津地検だより　昭和五四年一二月通巻第一〇六号）

9 生きがい

最近、人の名前を思い出せないことが多くなった。私も老人の仲間入りをする日が少しずつ近づいて来たようだ。老人という言葉を意識するようになると、法律に携わる者の常として、老人の定義を知りたくなる。

広辞苑によると、老人とは「年とった人」をいう。分かったような分からないような定義である。

では何歳になれば「年とった」ことになるのだろう。

法律で老人の定義を定めているかもしれないと思い、六法全書を繰ってみると、「老人福祉法」と「老人保健法」という法律が目に止まった。

残念ながら、いずれの法律にも老人を定義した条文は見当たらない。とはいうものの、老人福祉法では、市町村による老人福祉の措置ないしサービスを受けられるのは、原則として六五歳以上の者とされている。

また、老人保健法(注1)では、市町村長による老人医療を受けられるのは、原則として七〇歳以上の者とされ、七〇歳未満六五歳以上の者であっても当該市町村長の承認を受けたものは同様の医療を受けられることになっている。老齢厚生年金の支給開始年齢も六五歳である。

どうも、法律の上では六五歳以上の者を老人と考えているようだ。しかし、世の中には、実年齢より精神的にも肉体的にも若くて元気な老人は少なくない。年齢だけでは老人かどうかを決められないようだ。

日本人の平均寿命は、男性が七七歳で、女性が八三歳である。(注2)平均的な日本人であれば、少なくとも一〇年以上は老人として生きることになりそうだ。

老人福祉法の基本的理念によると、「老人は、多年にわたり社会の進展に寄与してきた者として、かつ、豊富な知識と経験を有する者として敬愛されるとともに、生きがいを持てる健全で安らかな生活を保障されるもの」(第二条)とされている。これを読み返してみて、今の世の中に、生きがいを持てる健全で安らかな生活が保障されている老人は、果たしてどのくらいいるのだろうかとつい考えてしまう。

女性洋画家

三岸節子という女性洋画家がいた。

この画家を私が初めて知ったのは、司馬遼太郎のエッセイ「三岸節子の芸術」を読んだときである。

三岸は、明治三八年（一九〇五年）一月三日、愛知県中島郡（現在の一宮市）で生まれた。日本における女性洋画家の先駆者として、「室内」、「山梔《くちなし》」、「飛ぶ鳥（火の山にて）」、「ブルゴーニュの一本の木」、「花　ヴェロンにて」の連作、「ヴェネチア」など数多くの名作を残している。

平成三年には、アメリカ・ワシントン女性芸術美術館で画業六五年を記念して回顧展を開催し、アメリカの人々にも多くの感銘を与えた。その三年後には、日本画の小倉遊亀や片岡球子らに続き、女性洋画家として初めての文化功労者となった。

平成一〇年一一月には、愛知県一宮市の生家跡に三岸節子記念美術館が完成したが、つい先日九四歳で亡くなった。最晩年の「さいた　さいた　さくらがさいた」も、同館に所蔵されている。

　何よりも驚かされるのは、三岸が、六三歳にして、大磯の住まいを後にして南仏に居を定め、風景画に新しい境地を開いたことである。取り分け、三岸を魅了したのはヴェネチアの風景であった。その代表作が「ヴェネチア」、「小運河の家」、「細い運河」などである。

　司馬遼太郎はいう。

「この地（南仏）の乾いた空気と色彩のあざやかさは、彼女の中にあふれてしばしば出所をうしなっていた造形に自由を与えた」「一九六七年（三岸六二歳）以後、大きく展開した。造形そのものが隈なくそれを包みあげて、かつ内蔵された炎がいちいち何かに驚きつつ発光するようになった。われわれは、三岸節子のような画家をもうひとり持つことができるだろうか」（司馬遼太郎「三岸節子の芸術」・『微光のなかの宇宙――私の美術観』中公文庫所収）と。

　司馬遼太郎がこれほどまでに想いを寄せる女性画家に興味を覚えた。それ以来、図録などで三岸の作品を知るようになって、せめて「ヴェネチア」だけでも、本物の絵を見てみたいと思うようになった。

パリ展帰国記念　三岸節子展

幸い、今年（平成一一年）の一月に大阪で「パリ展帰国記念　三岸節子展」が開かれたので、早速、会場の大丸ミュージアム梅田まで足を運んだ。

展示作品は、七〇点余りと多く、三岸の画業の足跡と全容が分かるように展示されていた。

メイン展示は、一〇〇号の大作「さいた　さいた　さくらがさいた」（平成一〇年　一三〇cm×一六〇cm）だった。青黒いバックを背景に満開の桜が描かれていた。

あの「ヴェネチア」も展示されていた。ヴェネチアのひっそりとした小運河を描いた、三岸六八歳のときの傑作である。絵の前に立つと、色という炎が発光するように迫ってくる。熟成された赤ワインやウイスキーを連想させる色調である。精神のみずみずしささえも感じる。

「ヴェネチア」のほかに強く印象に残ったのは、「作品Ⅰ」、「作品Ⅱ」、「作品Ⅲ」の連作だ。無機質のガラス瓶や壺などが、かすかな光を帯びてやわらかい色合いで描かれている。絵全体から、目には見えない生命が伝わってくる。とても八七歳の画家が描いた絵とは思えない。

　こんな絵を描き続けることができたのも、三岸自身が、常に生きがいを持って充実した精神生活を送り続けていたからではないだろうか。

三岸のような才能はなくても、老若男女を問わず、生きがいを持っていることが、いかに素晴らしいことか、そして何よりも大切なことではないか。そんなことを改めて考えさせられた展覧会であった。（注3）

（大阪高検だより　平成一一年五月号）

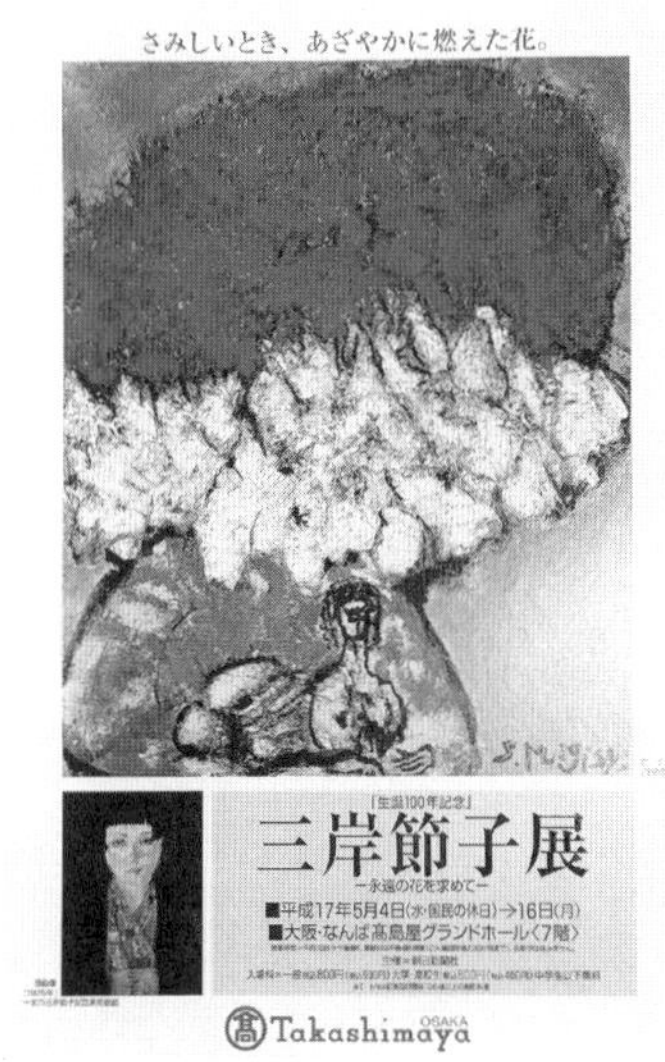
さみしいとき、あざやかに燃えた花。
「生誕100年記念」
三岸節子展
ー永遠の花を求めてー
■平成17年5月4日(水・国民の休日)→16日(月)
■大阪・なんば高島屋グランドホール〈7階〉
Takashimaya
OSAKA

展覧会のパンフレット

（注1）老人保健法は、健康保険法等の一部を改正する法律（平成一八年法律第八三号）第七条により、題名が「高齢者の

医療の確保に関する法律」に変更された。

同法は国民保健の向上及び高齢者の福祉の増進を図ることを目的とし（第一条）、満六五歳から七四歳までの者を「前期高齢者」とし、満七五歳以上の高齢者を「後期高齢者」とする（第三二条第一項、第五二条参照）。

（注2）令和四年には、日本人の平均寿命は男性八一歳、女性が八七歳となった。

（注3）三岸節子については、拙書『検事の矜持』（中央公論新社刊）所収の「画家の生と死」でも詳述している。

10 世界に一枚しかない絵

私は絵が好きだ。気分が乗れば、絵筆も握る。素人の悲しさで、なかなか満足できるものは描けない。そうは言っても、時に妻から、

「安野光雅よりいいですね。澄んだ空気と光を感じるわ」

などと褒められると、悪い気持ちはしない。

安野光雅は、著名な水彩画家の一人である。若い女性の人気も高い。絵本「ふしぎなえ」で絵本界にデビュー。代表作には「旅の絵本」がある。

安野は、フランスやスイスなど外国の風景を好んで描き、最近では、亡くなった須田剋太さんの後を引き継いで、司馬遼太郎の「街道をゆく」（週刊朝日連載）の挿絵も描いている。水を含んだ絵具を画紙ににじませながら描く安野の筆使いは見事だ。一度、原画を鑑賞されることをお勧めしたい。（注1）

津和野の商家

水彩画は、油絵と比較すると、絵具も筆も安上がりで、素人でも簡単に始められるのが良い。昔、小・中学校の美術の授業で使われていた水彩用の絵具は、不透明絵具だった。最近では、品質の良い透明絵具が手に入る。透明絵具は、いわば違った色の光を合わせるようにして重ね塗りができるので、素人でも色の濁りを気にせずにそれらしい色が出せる。私は面より線で形を表現する。線を残しながら色を塗るには、透明絵具の方が都合が良いのである。

ユトリロや佐伯祐三ではないが、ちょっとした街角に絵心を覚える。ほとんどの人が気に留めないような街角が好きだ。いつか、ヨーロッパ、特に、ドイツやベルギーの街角を描いてみたいと思っている。

私は、自宅にはもちろんのこと、執務室にも、東京に単身赴任していた当時に描いた有楽町の街角の絵、神戸元町の旧居留地三八番街の絵（「神戸地検だより」平成六年一二月号の表紙絵の原画）や娘を描いた絵を掛け、官舎のリビングには、津和野の商家を描いた絵を掛けている。何と言っても、どの絵も世界に一枚しかない絵なのだ。

絵はがき

数年前から、私は、自分の絵を縮小コピーしたものをプリントゴッコで上質紙に印刷するなどして絵はがきを作って楽しんでいる。私の手作りの絵はがきを小さな額に入れ、部屋などに飾ってくれる人もいる。嬉しい限りである。

とにかく、仕事で忙しくても、その合間に自分のお気に入りの絵を眺めているだけで、自然と気持ちが落ち着く。若い検事にも、有名な画家の絵でなくてもいい、自分が好きだと思う絵を自分の部屋に掛けるように勧めている。たった一枚の絵ではあるが、仕事に潤いを与え、余裕と活力を生む源になるように思うからだ。

私の好きな言葉に、「常に夢と若さを保つこと」（本田技研工業の運営方針の一つ（注2））がある。少し大袈裟にいえば、自分の好きな絵を部屋に掛けて楽しむことが常に夢と若さを保つ秘訣でもある。

（大阪高検だより　平成七年五月号）

（注1）安野光雅は大正一五年三月二〇日島根県津和野町で生まれる。国際アンデルセン賞画家賞をはじめ数々の賞を受賞した文化功労者。令和二年一二月二四日死去。平成一三年春、津和野駅前に「安野光雅美術館」、平成二九年には京丹後市に「森の中の家　安野光雅館」が開館した。

（注2）本田技研工業のホームページによると、Hondaフィロソフィーは、「人間尊重」（自立、平等、信頼）、「三つの喜び」（買う喜び、売る喜び、創る喜び）から成る〝基本理念〟と、〝社是〟〝運営方針〟で構成されているという。

社是は、「わたしたちは、地球的視野に立ち、世界中の顧客の満足のために、質の高い商品を適正な価格で供給することに全力を尽くす」とある。

運営方針は、「常に夢と若さを保つこと」、「理論とアイディアと時間を尊重すること」、「仕事を愛しコミュニケーションを大切にすること」、「調和のとれた仕事の流れをつくり上げること」、「不断の研究と努力を忘れないこと」とされている。

11 装丁

平成一九年の芥川賞の受賞作は、諏訪哲史著『アサッテの人』（講談社刊）である。諏訪は名古屋市生まれ。地元の作家と知って読んでみると、作品の評価が選考委員の間で意見が分かれたというのも頷ける。

その一方で本の装丁に興味を持った。

カバーは、光沢のあるフレッシュグリーンの用紙に「ロマンチィックな遊泳」という絵が印刷されている。絵は、スウェーデンの画家マックス・ワルター・スワンベルクの作という。

よく見ると、蛇の髪を持つ女性の姿をデフォルメし、繊細なタッチで描かれた幻想的な絵である。装飾に使っている眼には不思議な力がみなぎっているようだ。ギリシャ神話に登場し、その眼でにらまれた人は石になったという女性の怪物「メドゥーサ」をモチーフにしたのだろうか。題名の『アサッテの人』の「サ」と「テ」の部分も斜めにずれている。

この装丁を見ながら『アサッテの人』を読むと、諏訪の意図するところが少しは理解できるように思う。諏訪自身の意向で、スワンベルクの絵がカバーに使われることになったという。

最近の出版業界では、本の売れ行きは、時代を感じる題名と作品のイメージに合う装丁が鍵を握るといわれている。勢い、文芸作家が自分好みのブックデザイナーに装丁を依頼するのも、無理からぬことかもしれない。

アサッテの人のカバー

今、人気の高いデザイナーといえば、鈴木成一である。

直木賞作家の東野圭吾の『白夜行』など、装丁を手掛けた本の総数は四〇〇〇冊を超えるという。

かつては、画家が装丁を手掛けることも少なくなかった。

中でも、三岸節子の装丁は、評価が高い。

一宮市三岸節子記念美術館を訪ね、「三岸節子と装丁展」を鑑賞し、原画の出来栄えの見事さに見入ったことを思い出す。

三岸は、『チャタレイ夫人の恋人』（D・H・ロレンス著）のほか、壺井栄など多くの女性文学者の作品の装丁を手掛けている。司馬遼太郎の『微光のなかの宇宙』『「明治」という国家』などの著作のカバーには、三岸の絵が使われている。

こうしてみると、本の装丁に興味を持ちながら、文芸作品を読むのもおもしろいかもしれない。


（中日新聞　平成一九年一〇月二三日）

12 なせば成る

春は人事異動の季節でもある。

全く経験のない部署に配置換えになり、戸惑いを感じることも少なくない。不安がる人がいると、経験がないとか、知らないということは大いなる武器になる場合もある、そう言って勇気づけている。経験がないということは、見方を変えれば、前例を知らないわけだから、前例にとらわれることなく、新しい職場を新鮮な目で見て、問題点に気づくこともできるからだ。

かくいう私は、平成元年四月、初めての法務省勤務を命じられ、訟務局参事官になった。翌年から同局租税訟務課長として、全国各地の裁判所に係属する国税の賦課・徴収を巡る税務訴訟に関する事務を所管することになったのである。

毎日のように、各地法務局の担当部署から訴状・準備書面、判決書などが送付されてきた。係属事件数は約六〇〇件だったが、国が勝訴する割合が高いことに驚いた。課税訴訟では九〇％を超えており、徴収訴訟でも約八〇％台を維持していた。実際の訴訟は、各法務局の訟務部付検事らが担当するが、国にとって重要なものや法律的に問題がある事件は、本省が直接関与していた。

私は、税務大学校で、数回にわたり、国税の訟務担当者に対する税務訴訟の講義も受け持つことになった。勢い、一から税務訴訟の理論と実務を勉強しなければならなくなり、講義の準備は大変だった。当時、税務訴訟全般について平易に解説した入門書がほとんどなく、これといった教材がないまま、一年目の講義を終えた。

なぜ、税務訴訟の入門書が出版されていないのか、その疑問をいろんな人にぶつけてみた。

国税局職員の中には、税法に詳しい人が少なくないが、法曹資格がないので訴訟になると一歩引いてしまう。弁護士はどうかというと、網羅的に税務訴訟を数多く扱っている人は極めて少ない。学者・研究者の世界では、税務訴訟はどちらかというとマイナーで、専門にしている学者は少ないということだった。このような事情を知ると、入門書がないことも仕方がないことかもしれないと思った。

ある日、補佐官から「課長ご自身が入門書を書いてみたらどうですか」と逆に勧められた。

税務訴訟の入門書の書き手としては、国税を巡る訴訟のいわば元締めであり、法曹資格がある租税訟務課長が最も適任だと言うのだ。

そこで、私は意を決し入門書を執筆することにした。

補佐官らが出版社を探してくれ、最終的には商事法務研究会（現在の商事法務）が出版を引き受けてくれることになった。

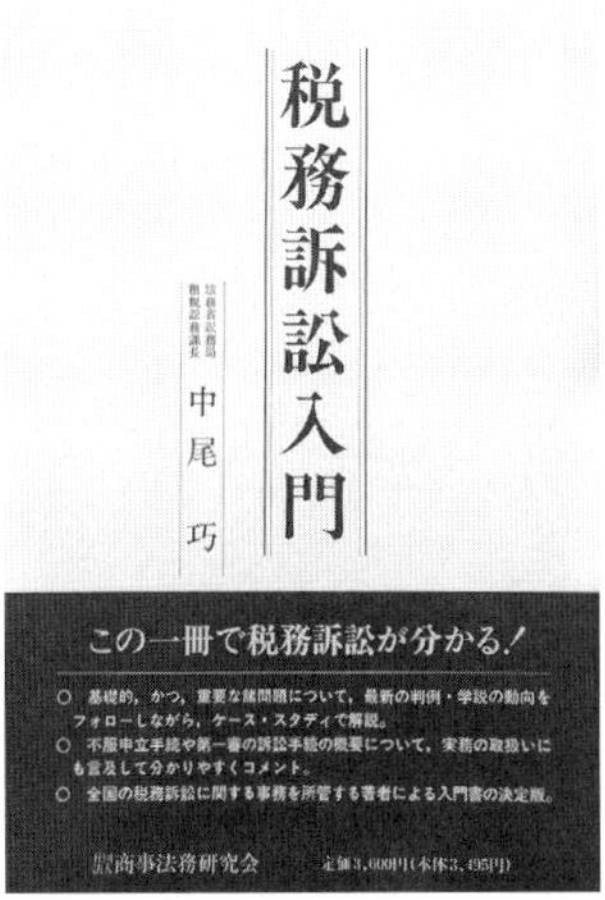
税務訴訟入門
中尾　巧
この一冊で税務訴訟が分かる！
○　基礎的，かつ，重要な諸問題について，最新の判例・学説の動向をフォローしながら，ケース・スタディで解説。
○　不服申立手続や第一審の訴訟手続の概要について，実務の取扱いにも言及して分かりやすくコメント。
○　全国の税務訴訟に関する事務を所管する著者による入門書の決定版。
商事法務研究会
『税務訴訟入門』初版

六か月先の出版を目処に原稿を書き始めた。編集局長の相澤幸雄さんは「六か月では無理だ」と思っていたようだが、私には自信があった。私自身、法曹資格はあるとはいえ、税務訴訟に関わるのは初めてで、いわば素人同然だ。このことを逆手にとろうと思った。私の頭で理解できないことはすべて省略し、理解できる範囲で書き進めればスピードアップができる。入門書だからそれで十分だと考えた。

平成三年一一月、『税務訴訟入門』の発刊にこぎつけた。相澤さんにとっては想定外の早さだった。その上、類書がなかったため、予想外の売れ行きを見せた。その後、改訂を重ね、平成二〇年四月には第四版を発行した。息の長い著作にしたいと思っている。(注)

(平成二一年四月記)

(注)『税務訴訟入門』は、その後第五版を発行し、令和五年六月には第五版を全面改訂し、青山学院大学の木山泰嗣教授と共著で『新・税務訴訟入門』と改題して商事法務から出版した。

13 9・11同時多発テロと入管

平成一三年九月一一日の朝（日本時間は夜）、アメリカで同時多発テロ事件が発生した。大型旅客機二機がテロリストにハイジャックされ、乗員・乗客と共に世界貿易センタービルに突入させ、二棟のタワーを跡形もなく崩壊させた。さらに、ワシントンDCでは、国防の要であるペンタゴンの建物にハイジャックされた三機目の旅客機が突入し、ペンシルベニア州のピッツバーク近郊には四機目の旅客機が墜落するというテロが次々と起きた。取り分け、世界貿易センタービルに旅客機が次々と激突する映像が世界中に流れ、人々を驚愕させた。

我が国でも、テロ事件発生後直ちに、法務省入国管理局長だった私を含む関係各省庁の幹部が官邸近くの「危機管理センター」に集められ、危機管理監の下、テロ対策について協議が行われた。

崩壊前の世界貿易センタービル

入管局としては、テロリストやその関係者の入国を阻止するためにより厳格な入国審査など水際対策に万全を期すことになった。

データ管理システムの欠陥

早速、私は担当者に現状報告を求めたところ、外国人の出入国記録データ管理システムに重大な欠陥があることを知らされた。

外国人のＥＤカード(注)の出入国データがホストコンピューターに記録されるまでの期間がおよそ三週間かかっていたのである。例えば、外国人が日本に入国後二週間以内に罪を犯して直ちに出国した場合には、当該出入国データが記録されていないため、空港等の出入国審査ブースで、当該外国人の出国を阻止できないというのだ。

警察等の関係機関からアルカイダの入国の有無について照会を受けても、直ぐに回答できないことになる。そのため当分は、職員を動員し、いわば、人海作戦で外国人のＥＤカードを手作業で検索して、回答するしかなかった。しかし、いつまでもこのような対応では抜本的な解決にならない。

なぜ一日二日で外国人の出入国を確認できないのか、その原因を探り、改善策を考えなければならない。担当者に詳しく訊いてみると、要するに、ホストコンピューターの性能に問題があった。関西空港にホストコンピューターのメインサーバがあるが、データ更新は年間四八回に設定されているので、週一回しか更新できない。しかも、更新は通常業務と併行してできないため、夜間作業になるというのだ。

それなら誰しも考えることだが、システム変更を行えばよいのではないか、そのことを担当者に確認してみると、仮に、毎日更新できるシステムにプログラムを変更すると、サーバは負荷に耐えられず、従前のデータまでもが壊れるおそれすらあるので無理だという。

説明が続く。

「局長、現在、新システム構築中です。完成すれば外国人の旅券データ（身分事項とパスポート番号）を即時取得できるようになります」

「いつからですか」

「二年後の平成一六年一月から稼働します。それまで待ってください」

しかしテロの現状を考えると、待てるわけがない。

一つのアイデア

そこで担当者には、

「例えば、各空港にパソコンを配置してネットワークを構築し、EDカードのデータを各端末から直接入力すれば、遅くても翌日には出入国記録を取得できるはずではないか。いわば別枠でシステムを新たにつくれないかどうか、早急に検討してくれますか」

と指示した。

数日後、検討した結果を訊くと、そのための予算は約四億円。補正予算で要求するしかないとのこと。仮に予算要求が認められても、補正予算が成立するのは来年の一月になる。それから直ぐに業者にパソコンやネットワークのシステムを発注するにしても、システムが稼働するのは四月以降になるということだった。

しかし、このまま放置すれば、国際的な信用問題に発展するかもしれない。この現状を打破するには大臣の了解を取りつけ私の方針を実行させるしかないと思った。

「直ぐに業者に発注しなさい。仮に、補正がつかなければ、私が責任をとるので心配しなくてもいい」

と言って、少々強引だったが、見切り発車することにした。

結局、平成一四年一月には補正予算が成立し、その月中に、パソコンによる臨時システムが稼働を始めた。外国人のEDカードのデータをパソコンの端末で直接入力することにより即日に出入国記録を取得でき、関係機関からの照会にも迅速に対応できることになった。

その二年後には、新システムの運用が開始された。外国人の身分事項やパスポート番号等の出入国記録データは、出入国ブースの機器で旅券から自動的に読み取って即時に取得できるようになったのである。

（平成二一年七月記）

（注）ＥＤカードは、Embarkation and Disembarkation Card の略称で、外国人が上陸の申請をし、又は出国の確認を受けようとするときや日本人が出国及び帰国の確認を受けようとするときに提出する書面のこと。例えば外国人の入国については、氏名、生年月日、国名、住所、渡航目的、航空機便名・船名、滞在予定期間などを記入することになっている。日本人のＥＤカードは平成一三年七月一日に廃止されている。

また、平成一六年一二月一〇日、政府の国際組織犯罪等・国際テロ対策推進本部の第八回会合で「テロの未然防止に関する行動計画」が決定された。

これを踏まえ、平成一八年法律第四三号より入管法が改正され、外国人（特別永住者等を除く）が上陸の申請をしようとするときは、個人識別情報（指紋及び写真〔顔の画像情報〕）を提供する義務が課されることになった（入管法第六条第三号、入管法施行規則第五条第七項参照）。これにより上陸の申請者と旅券名義人との同一性の確認と当局保有の「要注意人物リスト」との照合をより正確かつ迅速に行うことが可能になっている。

その後、平成二八年四月一日から外国人が出国確認を受けるようとするときのＥＤカードの提出は不要になっている。

また、現在では、上陸の申請は、ウェブ（Visit Japan Web）でも行えるようになった（入管法施行規則第五条第一項参照）。

14 告訴調書

「強姦罪」という罪名は、今はない。

平成二九年の刑法の一部改正で、強姦罪は「強制性交等罪」に罪名が変更された。また、従前、強姦罪は親告罪とされ、起訴するには被害者その他法律で定めた者の告訴が必要だったが、非親告罪になったため、被害者の告訴がなくても犯人を強制性交等罪で起訴できることになったのである。

さらに、令和五年の刑法の一部改正で、強制性交等罪は「不同意性交等罪」（刑法第一七七条）に罪名が変更された。

ある強姦事件

昭和の時代の話だが、若い女性が見知らぬ男から強姦されたため近くの警察署に掛け込み、被害を届け出た。警察は、被害女性から犯人の人相・着衣などを聴取し、直ちに犯行現場の周辺を探索した結果、犯人と思しき男を発見して任意同行した。被害女性に面割りさせたところ、

「犯人に間違いない」との供述を得た。

警察は、被疑者の男を逮捕し、地検に身柄を送致した。

事件を担当した私は、被疑者から弁解を聴き、勾留して取り調べたところ、被疑者は犯行を全面的に認めた。一方、被害女性は被害状況を詳細に供述し、告訴調書も作成されていた。

被疑者を強姦罪で起訴するのに特段の問題はなかった。

勾留満了日前に、検事正（地検のトップ）の決裁を受けるため起訴状と共に事件記録を回付した。直ぐに決裁が下りるものと思っていたが、検事正室に呼ばれた。

検事正は、

「本件の告訴調書を作成した巡査だが、司法警察員かどうか、確認を取ってくれたまえ」

と言って、事件記録を戻された。

私は、「分かりました」と答え、検事正の意図が分からないまま退室した。

執務室に戻り、事件記録中の告訴調書の末尾を確認すると、

「〇〇警察署司法警察員
司法巡査　阪本　俊介（仮名）押印」

とある。

告訴は、書面又は口頭で検察官又は司法警察員にしなければならないし、口頭による告訴を受けた検察官又は司法警察員は告訴調書を作成する必要があった（刑事訴訟法第二四一条）。

また、各都道府県警察においては、刑事訴訟法第一八九条第一項に基づき、司法警察職員の警察官のうち、巡査部長以上の階級にある警察官（注）は司法警察員とし、巡査の階級にある警察官は司法巡査としている。

司法巡査は司法警察員ではないため、告訴を受理できないし、告訴調書を作成する権限

がないが、警察本部長が特に必要があると認めるときは、巡査の階級にある警察官を司法警察員に指定できるのである。

要するに、本件の告訴調書作成をした阪本司法巡査がその当時司法警察員に指定されているかどうかを確認せよ、というのが検事正の指示だったのである。

意外な事実

私は、司法警察員に指定されていない司法巡査が告訴調書を作成するようなことはないだろうと思いながら、所轄警察署の刑事課に電話をかけた。強行犯係長（警部補）に阪本巡査が本件の告訴調書の作成日までに司法警察員に指定されているのかどうかを確認してくれるよう頼んだ。

しばらくして、係長から電話があった。

「検事さん、申し訳ありません。現在、阪本巡査は司法警察員に指定されているのですが、実は、告訴調書を作成した日は司法警察員の発令前日だったことが分かりました。被害者の告訴を口頭で受理した先輩の巡査部長から『明日には司法警察員になることだし、傍で被害者の話を聞いていたのだから、勉強のために告訴調書を作成してみろ』と言われたそうです。阪本巡査も内心、どうかと思ったものの、先輩の巡査部長に言われるまま、告訴調書を作成したと言っています。直ぐに、被害者を呼び、巡査部長に告訴調書を作成させます」

との回答だった。

その旨、検事正に報告した。

と、検事正の一言。

「ご苦労だった」

自分の未熟さを反省しながら退室した。

執務室に戻り、改めて、事件記録の告訴調書を読むと、誤字脱字や訂正箇所が目につく。訂正印の朱肉の跡が花びらのように見えてしまう。おそらく、検事正は告訴調書を読まれ、その稚拙さに気付き、司法警察員かどうか、疑問を持たれたのであろう。

検事正から数多くの指導を受け、捜査の基本を学んだ。告訴調書の件は忘れ難い思い出の一つである。

（注）警察官（長官を除く）の階級は、警視総監、警視監、警視長、警視正、警視、警部、警部補、巡査部長及び巡査である（警察法第六二条）。

（令和五年一二月記）

15 大相撲

平成一九年六月、名古屋場所のT部屋の稽古場等で親方と現役力士三人らが序の口の新弟子（当時一七歳）を暴行死させたという事件が起きた。

長い大相撲の歴史の中でも前代未聞のことだった。事件発生から親方らの逮捕まで日時を要したこともあって、様々な憶測を呼び、マスコミ報道も過熱した。

当時、名古屋高検検事長だった私は、不思議な縁を感じたのである。

私自身、中学時代は相撲部員だったからだ。校庭の隅にあった屋根付きの立派な土俵で稽古に励んだ。体重は、一年生の時で約五〇キロ、三年生になってようやく六五キロまで増えたが、軽量であることには変わりはなかった。軽量の栃ノ海と同じ上手出し投げを得意技にしていた。

相撲は立合いの一瞬が勝負を分ける。土俵は直径一五尺と狭くて丸い。ここに小型力士が大型力士に勝つ機会が生じる。これこそが相撲の醍醐味なのだ。私も、当時横綱大鵬に挑戦する栃ノ海に自分をだぶらせながら、アマ相撲のメッカ大浜公園相撲場などで対外試合をしたことを思い出す。

相撲界では実力がものをいう。日本の国技とはいえ、今や、東西の横綱はモンゴル出身の外国人力士。力士は厳しい稽古をしなければ強くなれない。それ自体否定されるべきものではない。要は、厳しい稽古に耐えられる体力と精神力が必要なのだ。

相撲界では、伝統的な鍛錬方法として「ぶつかり稽古」がある。両手を広げた力士の胸にぶつかり、土俵の反対側まで力一杯押していく。これを何度も繰り返す。押す力が弱いと、容赦なく頭を押さえつけられ、土俵に転がされる。通常五分も続けられれば息が絶え絶えになるほど厳しいものだ。

今回の事件は、被害者は入門二か月の新弟子。相撲教習所で、四股、すり足てっぽうなどの基本的な実技の教習を終了したばかり。そのため、普段、ぶつかり稽古をするといっても、手加減してもらいながらの短いものだった。

悪いことに、被害者は、相撲を続ける気力すらなくし、二度も部屋の宿舎を抜け出していた。被害者が死亡した前日、被害者は、親方の指示で兄弟子らからバットや木の棒で繰り返し殴りつけられ、体力を著しく消耗していたのである。このような状態では本格的なぶつかり稽古には到底耐えられなかったことは明らかだ。それなのに通常五分程度を遥かに超える三〇分もぶつかり稽古が続けられたのだ。

結局、被害者が親方らによる一連の暴行によって外傷性ショック死したのは当然の成り行きだった。

検察は、これらの事情を踏まえ、親方と三人の兄弟子を傷害致死罪で起訴した。日本相撲協会は、親方を解雇し、起訴された兄弟子三人を判決確定まで出場停止処分にした。

裁判では、兄弟子三人は罪を認め、自ら髪を落として反省の態度を示したが、元親方は、捜査段階と同様、犯行を否認し、通常の稽古の過程で発生した事故に過ぎず、正当業務行為だったと述べ、無罪を主張した。

検察は、元親方らの行為が通常の範囲を明らかに逸脱しており、その実態は稽古に名を借りた制裁であるから、到底正当業務行為とは認められないと反論した。

裁判所は、検察側の主張を全面的に認め、元親方には懲役六年の実刑判決を、兄弟子三人には、懲役二年六月ないし三年、各執行猶予五年の判決を言い渡した。今回の事件は、相撲界の閉鎖的な体質を浮かび上がらせ、種々の改革が進められることになったが、相撲を愛する者の一人として、何よりも、親方衆や日本相撲協会には、相撲が神事として執り行われ、礼儀作法が重視されてきたことを今一度思い起こしてもらいたいと思う。

（平成二二年一〇月記）

追記

兄弟子三人は、控訴しなかったため有罪判決が確定し、これを理由として日本相撲協会から解雇された。

元親方は判決を不服として控訴したが、裁判所は、正当業務行為とは認めなかったものの、元親方が退職金を被害弁済に充当したことなどの有利な情状を酌量し、一審判決を破棄して懲役五年の実刑判決を言い渡した。即日、元親方は上告したが、上告は棄却され、控訴審の実刑判決が確定した。

16 検察の広報

令和五年四月一一日、フリージャーナリストの「中村美彦」さんが亡くなられた。享年八一。中村さんは、北海道放送の「中村美彦の無頼放談」、「中村美彦の一筆啓上」やテレビ北海道の「中村美彦の臥竜清談」の番組キャスターとして政治家・企業経営者等とのインタビューや対談を重ねて政治・経済の課題等に鋭い視点で迫り続けた。銀髪で、名探偵ポワロのドラマに登場するヘイスティングズを思わせる風貌。ソフトな語り口に引き込まれ、つい本音で話してしまう、そんな魅力的な人だった。また、名文家でもあった(注1)。

私は札幌高検検事長のときに中村さんと知り合い、懇意になった。

テレビ出演

平成一八年九月、中村さんから「中村美彦の無頼放談」(三〇分番組)への出演依頼を受けた。現職の検事長がテレビ番組に出演して対談するという前例がなかったため、少しは思案した。当時、札幌高検が管内各地検と共に進めていた裁判員制度の広報活動になるだけでなく、検察のことを知ってもらう良い機会にもなると考え、異例ではあるが、出演を引き受けることにした。

札幌高検の検事長室でテレビ収録が始まった。中村さんのペースで円滑に進められた。中村さんから、検事に任官した理由を問われた後、

「検察官のイメージですが、鬼検事という言い方が定着しているようですが、これに対しどう思われますか」

と質問された。

「今まで世の中の人に検事のことを正確に伝えていなかったのではないか、そのために、国民の皆さんに固定したイメージを与えていたという点については反省しています。検事

は基本的には寂しがり屋なのです。人が好きでないと務まらないものです。個々の検事は一人一人個性があって、それぞれ人間味もあります」

「検事は鬼にならざるを得ない場面がある訳です。人を裁いたり、人を取り調べることは人間がやるべきことかといえば、そうでないという考え方は当然あると思いますが、法治国家ですから誰かがやらなければならないことだろうと思っています」

　などと答えた。

　そして本題の裁判員制度の意義や仕組み等について質問があり、概ね、次のように説明した。

　これまで、司法は国民から見て非常に遠い存在だった。プロの専門家だけによる裁判を、もっと国民に近い存在にする必要がある。そのためには国民に直接裁判に参加してもらうといいのではないか。裁判の中でも、刑事裁判で一定の重大な刑事事件の審理に参加してもらえれば、国民一人一人が裁判を自分のこととして考えてくれるのではないか。そうなれば、国民の常識や感覚が裁判に反映され、今までより良い裁判ができる、延いては司法に対する信頼や理解が深まるのではないか。(注2)今までの裁判が国民にとって分かりにくいといわれている。裁判員制度が始まれば、国民にも分かりやすく、しかも迅速な裁判をしなければならなくなるだろう。それも裁判員制度導入の目的の一つである。

裁判員裁判では、六人の裁判員と三人の裁判官が一緒に裁判をする。裁判官と裁判員双方の意見を含む多数決で、有罪か無罪かを決める。有罪の場合には量刑も同様にして決める。このような制度の仕組みについて、図を用いて分かりやすく解説した。

すると、中村さんから、

「裁判員制度という新しいシステムが導入されることにより検察の対応が変わっていくでしょうか」という質問があった。

「変わるべきものと変えてはならないものがあると思っています。裁判員裁判では、今までのようにプロの裁判官ならこの程度で分かってもらえるというようなことは通用しなくなる訳ですから、裁判員の方々に被告人が犯人であることをしっかりと理解してもらえるよう分かりやすく迅速な裁判にする必要があります。そのために我々も変わっていかなければならないと思っています。ただ、捜査という面からいうと、検察が事件の真相を解明するため、しっかりと捜査をし、十分な証拠収集をするという責務は、従前と変わらないと思います」

などと答えた。

広報活動

当時、北海道限定で裁判員制度の広報ポスター三〇〇〇枚を作成し、道内のJR主要駅、道の駅、デパート等で掲示させてもらっていたので、中村さんからも広報ポスターのことを聞かれ、私が原画を描いたことなどを説明した。

裁判員制度の広報ポスター

中村さんからの質問が続く。

「今後さらに広報活動していかないと、国民の素直な疑問に答えられない。北海道の検察のトップとして、どうしていかれますか」

「まずは草の根広報からです。企業や地域社会などあらゆる所で、また、あらゆる場面で裁判員制度の意義や仕組みを地道に伝える努力を続けることが必要だと思っています。若い世代への広報が絶対必要です。底辺を広げることですね。今の中学生・高校生が二〇歳（現在は一八歳・裁判員法第一三条、公職選挙法第九条第一項参照）になったときに裁判員に選ばれる可能性があることをしっかり理解してもらえるよう広報することが必要だと思います。司法にかかわるいろんなことを若い世代にしっかりと理解してもらうための法教育を進めなければならないと思います」

などと答えた。

更に中村さんから鋭い指摘があった。

「もう少し広報活動して国民ともっと身近な法曹界になって欲しいと思うのですが、どうでしょうか」

「そのとおりです。国民の信頼があってこそ我々の仕事がありますから、国民から離れて検察も司法もない訳です。特に検察の場合、国民と共にある検察でなければならないし、そうでないと国民から信頼してもらえない。何よりも、検察は全体の公益の代表者であると同時に被害者の代弁者ですから、国民から信頼されなければならないのです」

などと説明した。

また、広報活動の手応えについても訊ねられた。

「職員が広報活動のために外に出て、道民の皆さんとも直接会って理解を深めてくれていますので、手応えを感じています。また、職員とのやり取りを通じ、検察を身近に感じ、正確に理解してもらえているように思います」

などと答えた。

最後に中村さんは、

「今日は、検事長というお立場にありながら、ざっくばらんに分かりやすく、そして丁寧に私のような素人にもいろいろと教えていただきました。そういう気持ちで広く遍く国民の皆さんに分かっていただけるよう検察全体が、或いは法曹界全体が頑張っていかれることを願っています。そうなってはじめて裁判員制度が我々のより身近にあるなあと思いますが、皆さんはいかがでしょうか」

と番組を締めくくられた。(注3)

平成一八年九月二四日午前六時から、私と中村さんとの対談を収録した「中村美彦の無頼放談」がテレビ放映された。

中村さんとの対談を通じ、検察や検事の実像を世の中、特に将来を担う若い人達に伝えていかなければならないという思いを強くした。この思いは、検察を離れ十数年経った今も変わらない。

（注1）中村美彦さんのご母堂「中村イマ」さんの句集『それぞれの月日』（鳥影社刊）がある。この本には美彦さんのエッセイ「心のうた・近景」が収録されており、その中で大正元年生まれのイマさんについて次のように書いている。「この世代の多くの女性がそうであるように、彼女もまた、「謙虚をもって美徳となす」心積もりで、その一生を慎ましく、それでいてしたたかに刻んできたと思える」なかなかの名文である。

（注2）裁判員制度導入後、既に十数年経過した。裁判に対する国民の関心が従前に増して高まり、例えば性犯罪に対する厳罰化が進み、これを反映した法改正も行われた。その一方で、数多くの課題も見えてきた。取り分け、辞退率の多さである。裁判員候補者に選定された人が裁判員を辞退した割合は年々増加し、令和四年には約六七％に達している。この結果、実際に選任される裁判員の構成に偏りが生じ、国民全体の民意が裁判に反映していない可能性が高いのではないかと危惧している。

（注3）現在、検察庁では、主として小学校高学年や中学生に検察の役割を正しく理解してもらうために、見学者を受け入れ、広報ビデオ「法と正義の守り手・検察庁」などを

上映するとともに、検察の業務に関する質疑応答や庁舎内の見学を実施する「移動教室プログラム」のほか、検察官が小・中学校などに出向いて社会科授業などに参加し、検察の役割を理解してもらうための「出前教室プログラム」を行っている。

更に、高校生・大学生・社会人などを対象に、法廷での刑事裁判傍聴（公判傍聴）に加え、その前後に刑事裁判手続や傍聴する公判事件の概要などの説明や質疑応答を交えることによって、刑事司法制度の一層の理解を促進するための「刑事裁判傍聴プログラム」も実施されている。

（千里眼　令和五年一二月第一六四号）

17 明治期の刑事裁判記録

地下倉庫の保管記録

平成一三年一一月、大阪地検は大阪市北区西天満の旧庁舎から福島区福島の新庁舎「中之島合同庁舎」に移転したが、庁舎移転に当たり数々の課題に直面した。その一つを紹介したい。

平成一〇年の夏、地検の記録担当事務官が庁舎移転準備のため記録の整理点検中、地下倉庫で明治期の大量の刑事裁判記録類を発見した。

刑事確定訴訟記録法では、刑事被告事件の訴訟終結後、第一審の裁判をした裁判所に対応する検察庁の検察官が当該記録を保管するが、保管記録については保管期間が定められており、裁判書は、言い渡された刑の種類及び刑期等により三年から一〇〇年、それ以外の保管記録は、三年から五〇年とされている。例えば、死刑又は無期の懲役若しくは禁錮に処する確定裁判の裁判書は一〇〇年、有期の懲役又は禁錮に処する確定裁判の裁判書は五〇年である。

保管記録は、保管期間が満了すれば破棄されるが、検事正が「刑事参考記録」として保存するのが適当であると判断したときは、法務大臣に対し、指定すべき旨上申することができる。一方、法務大臣が上申に係る記録について「刑事法制及びその運用並びに犯罪に関する調査研究の重要な参考資料である」と判断したときは、保管期間満了後でも、刑事参考記録として保存される。

そこで、明治期の刑事裁判記録だけに刑事参考記録の指定の適否を検討することを考えたが、判読が困難な記録が多いことから、ひとまず日本法制史の専門家に調査を依頼することにした。

調査を快諾してくれたのは、大阪市立大学名誉教授の牧英正先生(注1)である。当時同大学助教授だった安竹貴彦先生らも調査に加わってくれることになった。

牧先生らは、地検の地下倉庫で発見された刑事裁判記録類には湿気による傷みや虫損があったため、換気の良い部屋に移し、消毒した上で、一枚一枚丹念に記録の判読作業を進められた。

驚きの調査結果

約一年にも及ぶ調査の結果、明治期の刑事裁判記録が編綴された簿冊は、約一〇〇〇冊あることが確認できた。取り分け、全国の地方検察庁に現存する刑事裁判記録のうち、明治二年（一八六九年）一月から同一〇年までの記録が継続的に揃っているのは、大阪地検保管のものを除いてほかに例はないという。刑事訴訟法の前身である治罪法（明治一三年太政官布告第三七号）が施行された明治一五年一月一日以前の刑罰体系やその運用に関する調査研究資料として歴史的価値の高い文書であることが分かった。

明治二年の「諸吟味書」と題する簿冊に最初に編綴されていたのは、次のような事件の記録だった。

慶応四年（一八六八年）二月、大阪の酒屋伝助（仮名）は、徳右衛門（仮名）の仲介で立売堀の新吉（仮名）に酒四〇樽を一二四両で売り渡したが、新吉は、五〇両を支払ったものの、残金を踏み倒したまま、行方をくらました。同年一〇月、伝助は、武家の人足頭に頼み込み、その子分三人と共に新吉を探すことになった。探索の途中、徳右衛門にも事情を話し、協力を求め、共に新吉を探し回ったが、その居所は知れなかった。ただ、米屋の清兵衛（仮名）が新吉から酒一五樽を買い受けたという噂を耳にした。早速、伝助ら五人は清兵衛宅に赴き、一方的に同人宅にあった酒一五樽を荷車に積み込んで持ち帰った。その二日後、大阪府は、清兵衛の訴えを受け、伝助ら五人と人足頭を召し捕ったという。

翌明治二年一月一四日、当時裁判も担っていた大阪府（大阪裁判所が開庁されたのは明治六年一月である）は、首謀者の伝助に「五百日の徒罪《とざい》」、三人の子分に各「三百日の徒罪」、徳右衛門に「二百日の徒罪」、人足頭に「急度《きっと》叱《しかり》」を申し渡した。「徒罪」は、懲役に相当する自由刑。「叱」は、旧幕府法（公事方御定書）の刑罰体系のうち、庶民が犯した軽い罪に科される名誉刑。叱責の度合いにより「急度叱」と「叱」の二種

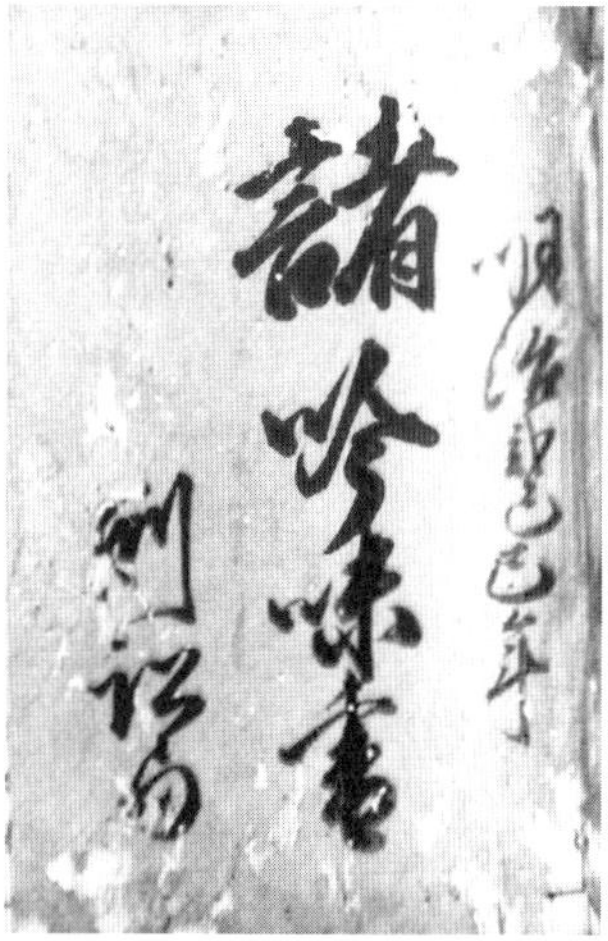

明治二年の諸吟味書
（大阪地方検察庁沿革誌より）

があったという。この時期、大阪府で旧幕府法に準拠した裁判が行われていたことは誠に興味深い。

そのほか、歴史的に名のある人物が関与した裁判記録もあった。

例えば、大阪裁判所司法少判事児島惟謙（大津事件のときの大審院長）が、司法卿「江藤新平」と司法大輔「福岡孝弟」（五箇条の御誓文の起草者）に宛てた明治六年三月二〇日付の伺書である。

伺書の事件は次のようなものだった。

長崎県貫属士族の橋本伊之助（仮名）が、明治五年七月ころ、馴染みになった商家の養女を連れ出し、長崎から大阪に逃げた。道頓堀の宿「浪花屋」に泊まり、相宿の女の所持金二七〇両を盗み、流浪の末、一一月下旬笠岡に辿り着いたが、「浪花屋」の主人吉蔵（仮名）と遭遇した。伊之助は、吉蔵から「賊だ」と喚かれ、襟首を摑まれて締め上げられたため、吉蔵を突き倒した。そのときに舌を嚙んだ吉蔵は即時に絶命した。その場で伊之助は邏卒に召し捕られたという。

この事件について、大阪裁判所から司法省に対し、被告人橋本伊之助に「新律綱領」（明治三年一二月頒布の刑法典）捕亡律の罪人拒捕条（逃走した罪人が追跡者に対し暴行・殺傷する罪）を適用し、士族たる身分を剥奪の上、死刑のうち「斬罪」（首刎ね）に処すべきことの是非を問う旨の伺いである。

これは、当時、死刑判決を下すときには司法省の許可を必要とされていたからであるが、司法省は「伺の通り」と指示し、伊之助は首を刎ねられたという。

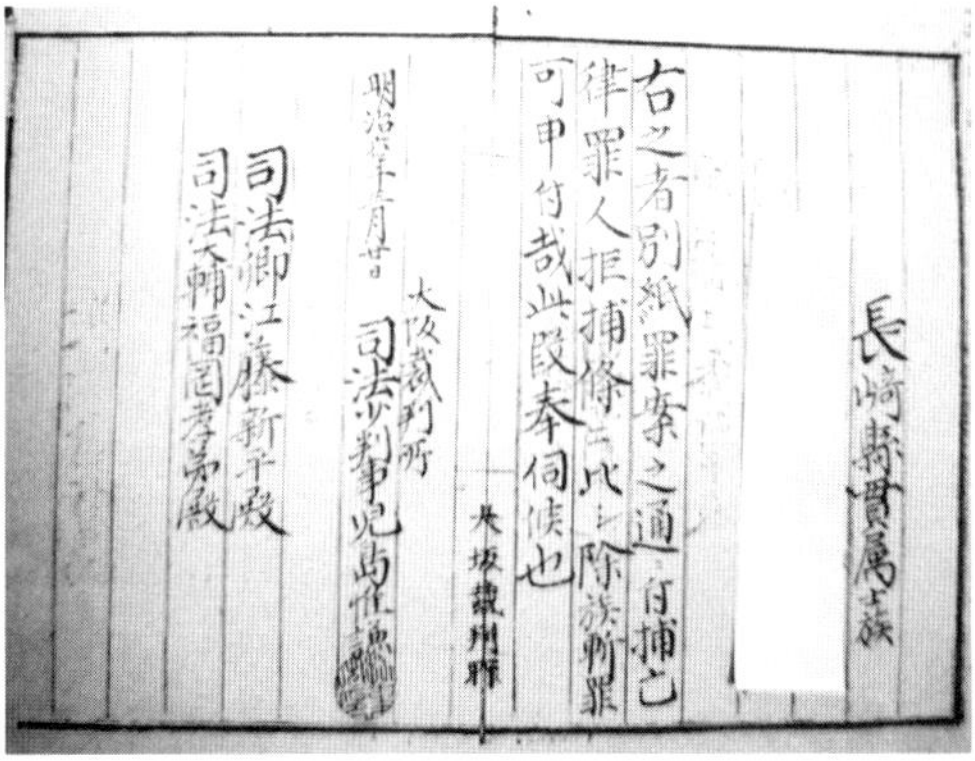
長崎縣貫属士族
右之者別紙罪案之通ニ付捕亡律罪人拒捕條ニ照シ除族斬罪可申付哉此段奉伺候也
大坂裁判所
大阪裁判所
司法判事児島惟謙
司法卿江藤新平殿
司法大輔福岡孝弟殿

伺書（大阪地方検察庁沿革誌より）

明治一〇年以降の記録にも、注目すべき判決書等があった。

例えば、オッペケペー節や新派劇の創始者「川上音二郎」が、明治一九年一一月一九日に大阪市西区の「高島座」における学術講演会の会主となり、自らの演説で、「徹頭徹尾国会議員選挙に関する事項を講談論議」した事件について、同月二九日、大阪軽罪裁判所は、明治一三年第一二号布告「集会条例」等に違反するとして、音二郎に対し、集会の会主であったことにつき「軽禁錮二十日」、講談論議したことにつき「罰金五円」の刑を言い渡しているが、その判決書や音二郎の自供書なども見つかった。

いずれにせよ、治罪法施行以前の貴重な刑事裁判記録類が度重なる庁舎移転や風水害、空襲などから消失を免れたのは奇跡的というほかはない。

幸い、政府の平成一六年度公文書等移管計画に基づき、平成一七年七月、明治期の刑事裁判記録のうち、明治二年から同一四年までの「諸吟味書」、「断案録」、「断刑録」等と題する簿冊四四七冊は、法務省を通じ「歴史公文書」（歴史資料として重要な公文書）として国立公文書館つくば分館に移管され、永久保存されることになった。(注2)

調査研究成果

牧先生は、脳梗塞を三度も発病され、また片眼を失明されるなど幾多の試練を乗り越え、九三歳にして最後の研究成果を世に問われた。

それが安竹先生（現大阪公立大学教授）との共著『大阪「断刑録」明治初年の罪と罰』（阿吽社、二〇一七年）である。まえがきには「大阪地検旧庁舎の地下室に、和とじの書類が詰まった段ボール箱が山積みされていた。……明治初年の刑事裁判の記録のようである。……これはただごとではないと感じた。鳥肌が立った」と記されている。そのときの先生の鼓動すら伝わってくるようだ。

翌年、先生は亡くなられた。生前、先生からいただいた葉書や手紙を再読しながら、ご冥福をお祈りしている。

（注1）著書に『日本法史における人身売買の研究』（有斐閣、一九六一年）、『人身売買』（岩波新書、一九七一年）、『道頓堀裁判』（岩波新書、一九八一年）、『身分差別の制度化』（阿吽社、二〇一四年）等がある。

（注2）国立公文書館に移管しなかった明治期の刑事裁判記録については、既に保管期間が満了していたが、記録事務規程（法務省刑総訓第六号）第一一条による「特別処分」として破棄せずに保管されているという。

（令和六年一月記）

第三章
アメリカあれこれ

ネバダ

1 フロリダ流飲酒テスト

昭和五五年、私は法務省から麻薬犯罪捜査の調査研究のためアメリカに派遣され、フロリダ州ブロワード地方検察庁で調査研究に従事していた。そのときに、ブロワード郡での交通取締り状況を撮影したビデオテープを見る機会を得た。

シェリフ（正確にいうと、デュプティシェリフ：保安官補）が、飲酒運転の違反ドライバーを検挙し、ビデオカメラ等の機器を装備した検査車両まで連行し、呼気検査や質問などを行う状況がビデオカメラで撮影されていた。

シェリフが、マイクを手に持ち、違反ドライバーの女性に質問する様子は、日本の放送局のアナウンサーが行うインタビューとそっくりである。

シェリフが、「どこで、飲んだのか」、「何を飲んだのか」、「どこまで運転するつもりだったのか」などと質問する。

その後、シェリフが、女性に、クォーター（二五セント）、ダイム（一〇セント）、ニッケル（五セント）の各硬貨を一枚ずつ見せながら、

「私の言う硬貨を一枚ずつ拾って、私の手のひらに置いて下さい。拾うときは、必ず、膝頭をそろえてください」

などと、テストの方法を説明している。

その上で、三枚の硬貨をその女性の足もとに並べ、

「はい、ニッケルを拾って！」

と指示する。

すると、女性は、言われる通り、三枚の大きさの異なる硬貨の中からニッケルを拾おうとするが、ふらついて、うまく拾えない。その様子を見ていると、かなり酔っていることが分かる。

女性は、シェリフの質問に答えながらも、

「私は、酔っていませんわ！」

と言っていた。

そのほかには、左右の足のかかとを交互に反対の足のつま先につけながら一直線に歩く

テストもあった。

ある中年の男性は、この歩行テストを行うように指示されても、シェリフに、「俺は、そんなこと今までやったことがないから、できないよ」と言って、やろうとしない。なるほど、初めてのことなのでできないとは、うまく断ったものだなあと感心した。

アメリカでは、飲酒運転のほか、薬物の影響下で運転する者も少なくない。関係者の話によると、飲酒運転の割合が六とすれば、薬物の影響下での運転は四くらいの割合になるという。

薬物の影響下の違反ドライバーのビデオテープも見せられた。薬物の影響がひどいため、目はうつろ、口から涎がたれさがり、衣服が乱れている女性の姿を撮影した場面は、迫力満点だった。

ビデオテープの活用といい、飲酒テストの方法といい、お国柄を反映しているようで、なかなか興味深かった。

（大津地検だより　昭和五六年三月通巻第二二一号）

2 フロリダのスパイ学校？

昭和五五年当時、アメリカでは、盗聴・電子監視装置の製造販売は禁止されていたが、捜査官又は法執行官が自らこれを行うか、あるいはその要請によって行われる場合にはその例外とされていた。

捜査官等の要請で製造販売を行う民間会社は、連邦政府の監視下に置かれ、そのライセンスが必要だった。

幸い、私は、連邦政府のライセンスを受け、盗聴・電子監視装置を製造販売しているＡＩＤ（Audio Intelligence Devices）という民間会社を見学する機会を得た。

ＡＩＤの見学

ＡＩＤの本社及び工場は、フロリダ州フォートローダーデールの郊外にあった。

私は、ブロワード地方検察庁の特別捜査官二名と一緒に、ＡＩＤの盗聴装置製造工場を見学することができた。

ＡＩＤの役員のＡさんの案内で工場内に入ると、部品ばかりが積み上げられているだけで、製品化されたものにはお目にかかれなかった。

Ａさんにその理由を訊ねると、

「連邦政府の命令で、製品そのものをストックすることを許されていないからですよ」

と教えてくれた。

更にＡさんの説明によると、連邦又は州の法執行機関の発行する購入依頼書を受け取った場合にのみ、その都度、盗聴装置の部品を組み立て、製品化し、これを購入依頼先に納入して販売することになっているとのことだった。

ＡＩＤのカタログを見ると、ＡＩＤは、ＮＩＡ（National Intelligence Academy）という情報

活動のための特殊な技術を教える学校も経営しているという。

ＮＩＡは、日本流にいうと、民間の技術専門学校である。このような私的な機関が存在することと自体、なんとなくアメリカらしい感じがした。日本では、ちょっと考えられない。

早速、ＡさんにＮＩＡを見学させてもらえるように頼んだところ、心よく承諾してくれた。

ＮＩＡの見学

ＮＩＡは、ＡＩＤの本社内にあった。

講師は、主に、元ＣＩＡ出身で占められていた。実際に、盗聴装置の仕組みや操作を実技指導し、施錠の開閉技術まで教えているという。

Ａさんは、私を実技室の入り口の前まで案内してくれた。

中に入ることは許されず、外から室内をのぞき見るのがやっとだった。

実技室には、数えきれないありとあらゆる錠や鍵が展示されていた。

ちょうど、講師が錠などを教材として施錠の開閉技術を実技指導していた。

「これは、泥棒学校ではないか！」

つい、そう思ってしまう。

室内では、一〇名余の研修員が受講していた。

Aさんに研修員の受講資格について質問すると、資格は限定されているという。具体的には、実務経験のある捜査官、法執行官あるいは、政府機関の調査、警備、情報を担当する職員で、かつ、連邦政府によってＮＩＡの研修に参加することを承認された者に限られるとのこと。

研修員は、ＮＩＡで、施錠の開閉技術のほか、盗聴・電子監視に使用される各種装置（トランスミッター、受信機、増幅器、ラジオ、ビデオテープレコーダー等）の構造及びその操作技術や電話システムなどの知識も習得できる。

そのほか、ワイヤータッピング（wire tapping）の方法なども学ぶことができるそうだ。

別の実技室に案内してもらうと、全米で使用されている各種形態の電話回線や端子盤が展示されていた。部屋の壁には、それらの構造図などが貼付されていた。

私が、展示用の電話回線を見ていると、Aさんが、

「ミスターナカオ、研修を受けてみないか。受講料なしでどうだ」

と勧めてくれた。冗談とも本気ともとれる。

とにかく、

「今は無理ですが、また、フロリダに来るときがあれば、受けたいですね」

と、要領を得ない返答をした。

すると、Aさんは、

「日本から研修員を派遣したらどうだ」

と言う。

Aさんの真意がよく分からないが、はっきり断っておこうと思い、

「それは無理でしょう」

と答えた。

参考までに、研修期間を訊ねてみるのも悪くないと思い直し、Aさんに訊いてみると、

「盗聴に関する特殊用語を理解できる者であれば、二週間。それ以外の者なら、三週間ですが、現在研修中のナイジェリアの研修員の場合は、八週間です」

と教えてくれた。

私の英語力では、八週間でも話にならないだろうなあと思った。いずれにせよ、何事も

徹底しているなあと感心した見学だった。

（大津地検だより　昭和五六年四月通巻第一二二号）

3 南フロリダとマリファナ

南フロリダは、アメリカにおける麻薬取引の主要な拠点の一つである。ラテンアメリカから密輸されるマリファナやコカインの搬入口になっている。南フロリダには、大小さまざまな空港が点在し、大西洋やメキシコ湾に面する密輸に格好の港も数多く、マリファナやコカインの主要生産地として名高いコロンビアに最も近いからだ。

このような状況を踏まえると、密輸代金は、通常の商取引に仮装して決済されているように思われた。

早速、コロンビアの外貨準備高を調べてみると、次の表の通りだった。

年度	外貨準備高
一九七五	五二三（四八）
一九七六	一、一六一（六〇）
一九七七	一、八二〇（七三）
一九七八	二、五〇三（一三七）
一九七九	四、〇五八（二一四）

（注）単位百万ドル。（　）内の数字は、うち「金」の額を示す。

この表で明らかなように、一九七五年の外貨準備高はわずか五億二三〇〇万ドルにすぎなかったのに、四年後の一九七九年には約八倍の四〇億五八〇〇万ドルに達している。

この急激な増加について他にも原因があると思われるが、コロンビアの経済情勢等を考えれば、この四〇億五八〇〇万ドルのうち相当な部分がマリファナやコカインの密輸取引の決済に充てられたドル資金の一部に間違いがない。

警察本部にて

私は、フロリダ州のフォートローダーデールの警察本部を訪ね、警察官のAさんの案内で、実験室に保管されていた珍しい拳銃の数々を見せてもらった。銃を手に持つと、やはり本物の重量感があった。

その後、実験室と隣接する証拠品倉庫に入ると、大量のマリファナが山積みされていた。既に、自動車のスクラップなどを圧縮する機械でダンボール箱状の大きさにされてコンパクトなものになっていた。

そのうちの一つを勧められるまま持ち上げてみたが、かなり重い。

「これは重いなあ」

と口にすると、Aさんが、

「船によるマリファナの大量持ち込みが結構多いのですが、空から持ち込まれることも少なくありません。そのため、特に訓練された警察犬を使って、不審な旅行者を発見しているんです」

と言って、警察犬が嚙みついた旅行用のスーツケースを見せてくれた。そこには、五、六か所、犬が嚙みつき引き裂いたと思われる跡が生々しく残っていた。

倉庫の隅には、古いガスボンベが一〇数本並べられていた。不審に思い、

「これも証拠品ですか」

と訊ねると、

「これは、ガスボンベの底を切り開いて、その中にマリファナを詰め込んで密輸入しようとしたのを押収したものですよ」

と教えてくれた。

さらに、マリファナの市場価格について訊ねると、Aさんが、

「一パウンド（約四五〇グラム）で、三〇〇ドル（一ドル二二〇円として六万六〇〇〇円）くらいですね」

と説明してくれた。

倉庫に山積みされているマリファナを、仮に密売すれば、一〇〇億円以上の金になるだろう。そんなことを考えていると、

「これを全部、売っ払えば、大金持ちになれますよ」

と言って、Aさんはにっこり笑った。

この倉庫のマリファナも、所詮氷山の一角にすぎない。

Aさんの話も冗談ではすまされないのが今日のアメリカの現実である。

マリファナなどの麻薬取引で生み出される巨額の資金がアメリカ社会に流入し、計り知れないほどの悪影響を及ぼしているのだろう。日本もこれを対岸の火事として傍観していられないと思う。

（大津地検だより　昭和五六年七・八月通巻第二三四号）

4 ある気質

フロリダ州のフォートローダーデールは、マイアミの北約四〇キロメートルの地にあって、アメリカのベニスと称されるリゾートエリアとして有名である。

運河が町をめぐり、大西洋につながっている。家々の裏の渡しには、色とりどりのヨットやボートが係留されており、その様はなんとも形容のしようがない。

運河にかけられた橋は観音開きになっている。高いマストのヨット、ボートが近づくとギギイッと音をたてて道を開ける。一茶ではないが、「そこのけ　そこのけ　ヨットが通る」、そんな言葉がよく似合う光景に出会うことが珍しくない。

街角にて

ある日、私は、強行犯係の刑事に、フォートローダーデールの北西部の町を案内してもらった。

この地域はスラム化し、昼間から職のない人々が路上にたむろしている。刑事は、木かげで公然と賭博をしている数人の黒人達を見ても、検挙どころか警告すらしない。どうも、担当外のことはしないらしい。アメリカで犯罪の検挙率が極めて低いのも、こんなところに原因がありそうだ。

刑事の車でしばらく走っていると、街角で、色気をふりまいて客引きをしている何人かの売春婦を見かけた。

ドラッグストアーが目についた。刑事が、

「あの店で買い物をしている男が見えるだろう。たぶん店を出た途端、持ち物を全部巻き上げられることだろうよ」

と言った。

フォートローダーデール

後ろ手錠

不用心な雰囲気が見て取れたのだろう。その付近の家々は荒れ果て、外壁はところどころくずれ落ちていた。芸術的にみれば、絵になる風景だ。

旅行者らしい男が、カメラを片手に物珍しく周囲をキョロキョロ見ながら歩いている。時折、荒廃した家々にレンズを向けてシャッターを切っている。刑事が、

「そのうち、あの男もカメラを奪われるだろうよ」

と、平気な顔で言う。

刑事も強行犯係だから、その男に注意の一つでもすれば良いと思うのだが、刑事は、今日、私を案内するということで、上司の許可を取って町に出たので、それ以外のことはしないつもりらしい。

最近のマイアミ暴動(注)のときに、非番の刑事が暴動の報を聞いて、現場に赴いたところ、暴徒に狙われ犠牲になったことがあった。一般市民の反応は、公務でないのに出かけて行ったのが悪いという感じが強いらしい。合理的な考え方と言えばそれまでだが……。

フロリダ州だけかもしれないが、身柄拘束中の被疑者、被告人はすべて逆手錠をかけられる。逮捕時に警察官に抵抗した場合には、足に鎖がつけられることもあるそうだ。

実際に、裁判所の廊下で、女性の被疑者が逆手錠で足に鎖をつけられているのに出会った。その横を一般市民が平然と歩いていた。日本ではこのような光景にお目にかかることはまずあり得ない。

ふと、ネバダ州のウィネマッカで見た最近まで使われていたという刑務所の独房を思い出した。それは鉄板で作った箱に扉がついているだけの粗末なものだった。

アメリカは、どうもシステムからはずれた者に対する扱いは厳しすぎるようだ。その背景には人間不信があるようにも思う。日本人は結構融通を利かす。その是非は別として、私にはそれが日本人の知恵のように思えてならない。

（大津地検だより　昭和五六年一月通巻第二一九号）

（注）マイアミ暴動とは、フロリダ州マイアミで発生した人種暴動のこと。黒人の保険セールスマン、アーサー・マクダフィーがデイド郡の警察官四人に撲殺された事件で、起訴された警察官全員が白人男性による陪審員裁判で無罪となったた

め、一九八〇年五月一七日夜、これに反発した人々がオーバータウンとリバティーシティの黒人地区で暴動を起こした。暴動は同月二〇日まで続き、少なくとも一八人が死亡したという。

5 ビルを訪ねて

昭和五五年六月下旬、私はフロリダ州のブロワード地方検察庁での調査研究に先立ち、全米唯一の検察官専門教育学校であるＮＣＤＡ（National College of District Attorneys）の研修に参加した。

研修場所はヒューストン大学内の施設、期間は四週間、参加費用は自己負担。研修員は、全米各地から集まった検事二〇〇人余。全体を二つのグループと約二〇人ずつの一〇クラスに分けられた。私は同じクラスのウィリアム・Ｃ・ハーセイと親しくなった。彼は、サンディエゴの海兵隊の軍事裁判で隊員の弁護を担当する法務官。ニックネームはビルといい、サンディエゴ郊外に自宅があるという。

研修を終えるときに、ビルから時期を見てサンディエゴを訪ねて来たらどうだと誘われていた上、調査研究も一区切りついたので、休暇をとってビルを訪ねることにした。

昭和五五年一一月上旬、私は、デトロイト空港からシカゴ・オヘア空港を経由して、サンディエゴ空港に降り立った。

既に、午後一〇時をまわっていた。

人影の少ない空港のロビーで海兵服姿のビルが出迎えてくれた。再会の握手を交わし、ビルの自宅に向かった。

基地にて

翌日、ビルと共に、サンディエゴ郊外の海兵隊基地に入った。

早速、ビルが弁護を担当する軍事裁判を傍聴させてもらった。

被告人の階級は、残念ながら覚えていないが、軍服の階級章が剝ぎ取られ、くっきりとミシンあとが残されていたのが、印象的だった。

被告人が訴追された事実は、無断で五九日間海兵隊基地から逃亡したというものだった。

軍事裁判はテキパキと審理が進められていた。陪審員がいないことを含め、審理は日本の刑事裁判のそれとよく似ていた。

被告人が罪状を認めたため、被告人質問は、専ら、逃亡の動機に関するものだった。被告人は、借金の返済に追われていたので家族のことが心配になり、基地を抜け出し、資金づくりのため心当たりを駆けまわっていたなどと、弁解していた。

検察官の論告、ビルの弁論が終わると、直ちに判決の言渡しが行われた。判決は禁錮二月の実刑だった。

被告人は、実刑判決に不服で、

「私の家族の面倒を二か月間も、誰がみてくれるのか」

などと、全く海兵らしからぬ愚痴をこぼしていた。

結局、被告人は控訴した。

ビルは、

「二月の実刑ならいい方だ。タクミはどう思うか」

と、意見を求めてきた。

軍事裁判の量刑となると、二月の刑が重いのか軽いのか判断がつきかねたので、ビルにもその旨答えた。

その日の午後、ビルは、休暇をとって私をサンディエゴ動物園に案内してくれることになった。早速、上司に休暇の許可をもらうために基地の海兵隊本部に行ってくれるという。私もビルの後について木造の本部の建物に入った。

ロビーで、数人の海兵が画面に見入っていた。それは、太平洋戦争の日米海戦の放映であった。画面を見ていた海兵のうち何人かの視線が、一斉に私に向けられた。私がその場にいることが何か不似合いな感じがした。彼らは、一体何を考えながら、実戦映像を見ているのだろうか……。

サンディエゴ市内にて

ビルに再会して三日目は土曜日だったが、ビルが当番勤務というので、仕方なく私は、ビルのガールフレンドであるバーバラの日本車を借りて、一人で市内見物に出かけた。サンディエゴ港で、最初に私の目を楽しませてくれたのは、帆船のスター・オブ・インディアの雄姿である。

幾重にも張った白い帆がこのスマートな鋼鉄製の帆船にマッチして美しい。スター・オブ・インディアは、かつて商船として世界中を駆けめぐったのち、スクラップにされると

ビルとサンディエゴ動物園にて

ころだったが、幸い、サンディエゴ市によって買い取られて改修され、一般公開されている。

早速、スター・オブ・インディアに乗船し、その船内などを見て回った。

下船すると、既に昼食の時間を過ぎていた。その雄姿を眺めることのできるシーフードの店を見つけて、新鮮なオイスターなどに舌鼓を打った。店の裏手に広がるサンディエゴ港内を包む霧の中をヨットが往来している風景は、素晴らしいの一言に尽きる。美人のガールフレンドと恋を語るに相応しい。夜景はもっと良いのかもしれない。

その後、カリフォルニアの「ミッション（伝道所）の女王」として有名なミッション・

スター・オブ・インディア

サン・ルイス・レイ・デ・フランシア(注)に向かった。

このミッションの建物を描いた絵をフロリダの友人の家で見て、実物を一度見てみたいと思っていたからだ。

ミッションは、いわゆる一般の観光コースからはずれたオーシャンサイドにひっそりと佇んでいた。ここを訪れていたのは数人だけで、静寂の中に美しいメキシコ風のミッションの姿があった。白壁と赤銅色の屋根瓦とが見事な調和を保っている。

アメリカ人と思われる老夫婦が、散策している様子をみていると、人影がまばらなときの唐招提寺の境内を思い出した。

夕方、私はビルとバーバラと共に、サンディエゴ市内のオールド・タウンに行き、メキ

ミッション・サン・ルイス・レイ・デ・フランシア

シコ料理店で夕食をとった。メキシコ料理に馴染みのない私には、料理の味の良さが分からなかった。ただ、そのとき飲んだ、テキーラというメキシコの酒は私の体にあっていた。

翌日、世界的に有名なシーワールドを見学した。最大の呼び物は、シャチの曲芸だった。何トンものシャチがジャンプする様は、雄大としか言いようがない。水着姿の美女がシャチの背にまたがって繰り広げられるショーは、老若男女を問わず、楽しませてくれる。イルカやオットセイなどの曲芸、サメの水族館なども見ることができた。見るものすべて、そのスケールの大きさには圧倒されてしまう。

そうこうしているうちに、午後の搭乗便の出発時刻が迫った。

私は、ビルに車でサンディエゴ空港まで送ってもらい、楽しかったサンディエゴの思い出を胸にサンフランシスコに向かった。

（大津地検だより　昭和五六年五・六月通巻第二二三号）

（注）カリフォルニア州には、サンフランシスコからサンディエゴにかけてスペインの宣教師団が設立した二一の歴史的建造物「ミッション」がある。ミッション・サン・ルイス・レイ・デ・フランシアは一七九八年六月、一八番目に設立されたという。

6 ジャックを訪ねて（一）

今回は、ネバダ州のウィネマッカに住むジャック・ブロックを訪ねたときの話である。

彼はヒューストン大学でのNCDAの研修で知り合った検事である。

私は、前回の「ビルを訪ねて」のビルとサンジェゴ空港で別れた翌日、NCDAの研修で同じクラスだった女性検事・キャンディ・ハーセイとサンフランシスコで再会した。彼女の案内で市内見物や裁判傍聴などして過ごした。次はジャックを訪ねる予定だったので、ジャックには事前にサンフランシスコ空港からリノ・タホ空港行きの搭乗便・到着時刻などを連絡し、空港で出迎えてくれるよう頼んでいた。

ところが、ウィネマッカへ出発する前日、ホテルのフロント係からジャックの伝言メモを受け取った。ジャックがリノ・タホ空港で私を出迎えることができないので、「スミス」という友人に代わりを頼んだとのことだった。当然、スミスがリノ・タホ空港で私を出迎えてくれた後、ウィネマッカのジャックの自宅まで送り届けてくれるものと早合点してしまった。このことが、後に私を不安に陥れることになる。

リノ・タホ空港にて

私は、一一月中旬の午後七時前にリノ・タホ空港に降り立った。空港出口で、美しいアメリカ人女性が私に近づき、にこやかに、

「タクミですか」

と声をかけてきたのである。これには驚いた。リノ、いや、ネバダ州内で私の名前を知っているアメリカ人女性は一人もいないはずだ。これはどうしたことか。女性に、

「イエス」

と答えるしかなかった。

すると、女性は、安堵した表情を見せ、握手を求めてきた。訳が分からないまま握手を交わした。

そのとき、私の前に四五歳前後と思われる精悍な顔をしたアメリカ人男性が現れた。

彼も私に、

「オー、タクミ、元気か」

と言って、握手を求めてきた。右手を差し出すと、彼はスミスと名乗って、私の手を強く握り締め、ジャックの友人でリノで捜査官をしていると言った。

「夫が駐車場に車を置きに行ったので、私が先にタクミを迎えに来たのですよ」

と、夫人から言われ、やっと事態が呑み込めた。

スミスは、夫人と共に私を車でリノ・タホ空港近くのグレイハウンドバスの発着場まで連れていってくれた。

そこで、スミスが、

「ウィネマッカに行くバスは、午後七時三〇分に出る。出発ゲートはナンバー4だ。ウィネマッカまで三時間ほどかかる。ジャックによろしく、元気でね」

と手短に言って、私の肩をたたいた。

私が呆気にとられていると、スミスは、美しい夫人と腕を組んで発着場から出て行った。

グレイハウンドバス

グレイハウンドバスに乗るのは、初めてのことではなかったが、見るからに物騒な異国の夜のバス発着場に一人取り残されることは、余り気持ちのよいものでなかった。

定刻にバスが発車するのかどうかを係員に訊ねてみると、「定刻だ」と答える。

定刻で発車することはこの国では珍しいことなのにと思いながら、ナンバー4のゲートに行き、数人の列に並んだ。

私の後に並んだ老婦人が話しかけてきた。

老婦人は、

「テキサスに住んでいます。夫は学校を経営しているのですよ。旅行が好きで、ヨーロッパなどにも何回も旅行しましたわ。でも、日本には行ったことがないんですよ」

と言う。

ゲートナンバー4から発車するバスの終着駅がどこだったのか、よく覚えていないが、ウィネマッカではなかった。念のため、老婦人に、

「このゲートから出るバスはウィネマッカに行きますか」

と訊ねてみた。

ところが、老婦人は、

「ウィネマッカですか？　知らないわ。私はレイクタホに行くんですよ。それは素晴らしい湖です。山が湖岸に迫り、とっても美しいところよ」

と言って、私の話には全く関心を示さない。

私は、ネバダ州の地図をカバンから取り出して、老婦人に見せながらウィネマッカの位置を教えた。

地図をよく見ると、老婦人が行こうとするレイクタホと、ウィネマッカは、リノの方角からみれば全くの正反対のところにあるではないか。

地図を見た老婦人は、明らかに戸惑った表情をみせた。日本人である私の方こそ動揺するではないか。

既に、係員の言っていた「定刻」も過ぎていた。

何の案内放送もない。老婦人は、急いでバスの切符売場に行き、係員に何か訊ねている。

おそらくレイクタホ行きのバスの発車ゲートのことだろう。老婦人は再び私の列には戻らなかった。

ウィネマッカのバス停

バスが発車したときは午後八時を回っていた。

乗客は私を含めて七人。運転手は女性だった。日本で女性のバス運転手を見かけることは滅多にない。やはり、女性が数多くの職場に進出しているアメリカならではのことだろう。

学生らしい乗客が本を読んでいる。他の乗客の寝息が聞こえてきた。バスが停車する都度、私はバス停の名前を確認していた。

午後一一時三〇分ころ、バスはウィネマッカに着いた。

田舎の駅待合室を連想させる小さなバス停がそこにあった。ジャックがいた。雪が少し積もっていた。

ジャックが、

「今日が初雪だ」

と言った。

笑顔のジャックと再会の握手を交わした。

（大津地検だより　昭和五六年九・一〇月通巻第二二五号）

7 ジャックを訪ねて（二）

「ジャックを訪ねて」の続編である。

ジャックの温かい出迎えを受けた私は、ジャックの自宅で一息入れた。それもつかの間、ジャックが私を「ウィナーズ・イン」という名のカジノに連れて行ってくれた。

ネバダといえば、誰しもラスベガス、そして公営トバク場を連想する。

人口約八〇〇〇人の田舎町ウィネマッカでもカジノは健在である。

午前零時を回っていたが、カジノには老若男女がブラック・ジャックやルーレットに興じている。宿泊施設からレストランまで揃っているため、客は心置きなく楽しめる。その様子を見ていると、カジノで余暇を過ごすことが、この町の人々の日課になっているように思えた。私は、ジャックとレストランで遅い夕食を済ませた後、カジノホールでルーレットに興じた。

ウィナーズ・イン

ウィネマッカ山

翌日、ジャックの案内で町のあちこちを見て回った。

西部劇映画でよくみかける西部の町並みがそこにある。カジノが町になくてはならない存在だと思えてきた。

この田舎町で最初に目につくのが、標高六六三七フィート（約二〇〇〇メートル）のウィネマッカ山である。町を見下ろすその威容が、なんとも力強くて素晴らしい。

この山に登ってみたくなった。

早速、山頂付近までジャックの車で登った。初雪がところどころに残っていた。そこにジ

ジャックとウィネマッカ山にて

ャックと二人で立ち、記念に写真を撮ってもらった。

アメリカ軍の施設がある山頂は、立入禁止になっていた。

山頂付近から見下ろすと、一面の砂漠地帯が目に入る。その光景は正真正銘の大自然のパノラマだ。その不毛の砂漠に繰り広げられている風紋は、芸術作品としか言いようがない。宇宙中継で見た月世界を思い起こさせる。それに比べ、くねくねと蛇行する川に寄り添っているウィネマッカの町並みが余計に小さく見えてくる。

ウィネマッカ山の中腹に小さな少年院があった。ジャックの顔見知りの女性職員が院内を案内してくれた。

収容者の人数はこの田舎町に相応しく五、六人だった。

少年院では、毎日、少年達自らが考えた食事メニューに基づいて三度の食事を作っているという。

「メニュー作りが少年達の日課で、彼らの社会復帰に大いに役立っている」

と、その女性職員は誇らしげに説明してくれた。

少年院の近くに最近まで使われていたという独房が放置されていた。鉄板を組み合わせた程度の粗末な箱という形容がぴったりくる感じだ。少年院で聞かされた話がいつしかその独房の箱に不協和音となって跳ね返ってきた。

ネバダ州の検事

ジャックは口ひげとあごひげをたくわえている。ジャックにその理由を訊くと、

「僕は、童顔なので、それを隠すためだ」

と答えてくれた。

彼は、ネバダ州ハンボルト郡の検事であるが、刑事事件以外の弁護士業務もできる。そ

のため検事としての年俸のほかに、月に平均八〇〇ドル（一ドル一二〇円として約一七万円）の収入がある。それが彼のポケットマネーになる。

彼は弁護士業務を週末に行う。主に離婚とか土地問題に関する相談である。ネバダ州以外でもこのようなシステムが認められている州があるそうだ。ただ、ネバダ州でも一部の地域の検事に限って認められているにすぎないという。

ジャックは、

「田舎のカウンティ（郡）では、検事に刑事事件以外の弁護士業務を行うことを認めないと、検事のなり手がない」

と、その理由を説明してくれた。

我が国でも検事の任官者は必ずしも多くはない。そうだと言って、検事に刑事事件以外の弁護士業務を認めるシステムを取り入れることはできそうもないが、少し羨ましい気がしないでもない。

いずれにせよ、個人の体験談というものには間違いが多い。

特に、アメリカ合衆国は、その国名が示すように州（むしろ地方というのが正しいのかもしれないが……）の集まりであるため、特定の州だけを見て、アメリカそのものがそこにあると誤解することがないようにしたいと思っている。

（大津地検だより　昭和五六年一一・一二月通巻第一二六号）

8 盗聴捜査

アメリカ、イギリス、フランス、ドイツ、イタリアなど主要な先進諸国では、厳格な要件の下で犯罪捜査のための通信傍受ができる法律が整備されている。

アメリカでは、麻薬の乱用が依然として増え続け、社会に巣くう病魔のごとく根強く蔓延し、麻薬を供給する麻薬組織もますます肥大化している。このような現実を前にして、多くの州では幅広く盗聴捜査が実施されている。

取り分け、麻薬犯罪等の特定犯罪の謀議を別個独立に犯罪として処罰できる法制下にあるため、「謀議罪」（Conspiracy）で検挙・起訴される事例が少なくない。それは、麻薬取引に関する謀議の会話さえ盗聴録音できれば、それ自体が取引の謀議を直接立証する有力な証拠になるからだ。勢い、麻薬供給ルートを解明するには、盗聴捜査に頼らざるを得ないのである。

フロリダの盗聴捜査

昭和五五年当時、アメリカでは、連邦法レベルで制定された法令（Omnibus Crime Control and Safe Streets Act）に倣い、フロリダ州を含め二四州とコロンビア特別区が盗聴規制に関する基本法を制定していた。これにより裁判所の盗聴令状に基づく盗聴捜査が許容されていたのである。

例えばフロリダ州では、ワイヤータッピング（wire tapping：電話による対話を対象電話の端子と受信機等を接続して盗聴する方法）やルームバグ（room bug：盗聴対象の対話が行われる部屋等に装置を設置して盗聴する方法）による捜査を行うには、盗聴令状が必要とされていた。そのため、知事、州司法長官又は検事正の認証（authorization）を受けた上で裁判所に盗聴令状を請求し、その発付を受けなければならなかった。また、盗聴期間は三〇日間を超えることはできなかった。

ワイヤータッピングの場合には、盗聴令状が発付されると、通信事業会社の協力（中継リース線の借用等）を求め、担当者が盗聴・録音・記録のための場所、いわゆる盗聴基地

(listening post)を確保する必要があった。

当時私は、フロリダ州ブロワード地方検察庁でアメリカにおける盗聴捜査の実情を調査・研究していたため、組織犯罪部の検事らに盗聴基地の現場を見学させてほしいと何度もお願いしていた。

盗聴基地

ようやく願いが叶ったある日、ワイヤータッピングの盗聴基地を見学することができた。盗聴対象の電話が設置されていた場所は、宝石強盗組織の主要人物と目されていたXの居宅だった。Xの居宅が郊外の住宅地にあったため、近くに盗聴基地を確保できず、やむなく、約一キロメートル離れた刑事の自宅の部屋が盗聴基地に当てられたという。

六畳ほどしかない狭い部屋に入ると、三人の刑事が詰めていた。

部屋の窓に向けられた机の上には、ペンレジスター(pen register:発信先の電話番号及び受・発信通話の各開始・終了時刻が自動的に記録される装置)が一台、これと並んでテープレコーダーがオリジナルテープ用(テープ一巻の録音が終了する都度、直ちに封印が義務付けられている）と作業テープ（コピーテープ）用に各一台設置されていた。近くには、電話機が一台、トランシーバーが数台置かれていた。

ペンレジスターの接続端子には、外部からの電話のリース線が接続され、テープレコーダーとペンレジスターとは別の電線で接続されていた。その間には、盗聴対象電話の受話器が外されたときに点滅する赤ランプと、録音を開始するときに点滅する青ランプが設置されていた。ランプは、板にはめられ、その間に点滅と同時に鳴るブザーがあった。

そのほか、テープレコーダーの近くの机の上には、二台のテープレコーダーのスイッチを同時に切ることのできる別のスイッチがあった。ヘッドホンが二つ、盗聴記録用紙と筆記用具が置かれていた。

しばらく様子を見ていると、ブザーが鳴った。

同時に赤ランプ、青ランプが点滅し、ペンレジスターが作動し、時刻を紙テープに打ち出し始めた。外部からの電話番号が打ち出されていないので受信だと分かる（発信のときは、呼び出し音が録音される）。

二人の刑事が一斉にヘッドホンを耳に当てた。

一人の刑事が盗聴記録用紙への記入を始めた。既に通話が始まっているが、いずれの刑事の顔にも、若干の戸惑いの色が見て取れた。州法では、盗聴の実施に当たっては、事件と関係のない対話を盗聴することを最小限の範囲にするという原則（Minimization Requirement）を遵守しなければならないとされている。おそらく、事件と関係のない対話かどうかを決めかねているのだろう。

三分くらい経過した。

一人の刑事が「ミニマイズ」と言って、机の上のスイッチを切った。テープレコーダーのリールも止まり、点滅ランプも消えた。二人の刑事も、ヘッドホンを耳から外した。通話の途中ではあるが、盗聴が打ち切られたのだ。

刑事は、通話の内容が会合時間の打合せだったために、事件と関係がないかどうかの判断に時間がかかったが、結局、単なる営業上の会合に関する会話だったと説明してくれた。

刑事の悩み

盗聴担当者は、原則として監督者一名、盗聴基地に常駐する盗聴録音記録担当者二名、監視偵察担当者二名の計五名で編成され、三交代制勤務である。

刑事は、一日三交代制の勤務とはいえ、長時間待つことは非常に疲れると言っていた。いつ電話が掛かるか分からず、彼らの精神的な負担が軽くないことを強く感じた。

我が国では、ようやく平成一一年八月一二日、薬物犯罪など特定の犯罪捜査に限り、裁判所が発付する傍受令状による通信傍受ができる、いわゆる「通信傍受法」（犯罪捜査のための通信傍受に関する法律）が成立した。

翌年八月から施行されているが、これまでに傍受令状による通信傍受が実施された件数は意外と少ない。初めて通信傍受が実施された平成一四年では、発付件数は四件、実施事件数は二件。その後、徐々に増加し、平成二〇年でも、発付件数は二二件、実施事件数は一一件である。これをどう見るか難しいところである。

（平成二一年一一月記）

追記

私のアメリカでの調査研究成果については、「米国における盗聴捜査の実情について（上）（中）（下）」（判例タイムズ四四二号、四四三号、四四四号所収）として発表した。

なお、我が国の通信傍受の運用状況等については、拙書『法曹一路』（中央公論新社刊）所収の「通信傍受」を参照されたい。

因みに、平成二八年に通信傍受法が一部改正され、新しい傍受方法が導入されたことなどが影響し、令和四年中の傍受令状の発付件数は五三件、実施事件数は二四件に上っている（法務省ホームページ「令和4年中の通信傍受の実施状況等に関する公表」より）。

9 余話として

アメリカのネバダ州ウィネマッカには、ジャック・ブロックが住んでいる。

彼は、NCDAの検事研修で親しくなった検事の一人であるが、今は地元で弁護士をしている。本書所収の「ジャックを訪ねて」に登場するジャックその人である。毎年、彼とクリスマスカードのやり取りを続けている。

昨年（平成二一年）末も、彼からクリスマスカードが届いた。

「妻ロビンが一〇月に亡くなり、その悲しみから立ち直るのに随分時間がかかりそうだ」と書かれていた。お葬式のプログラムも同封されていた。

その中に、彼の妻の写真と共に素晴らしいポエムが載っていた。英文と私の妻が訳したものを紹介したい。

Robyn's Favorite Poem

Yesterday is a dream.
Tomorrow but a vision.
But today well lived makes,
every yesterday a dream of happiness,
and every tomorrow a vision of hope.
Look well therefore to this day.

ロビンが好きだったポエム

きのうは夢
あしたはまぼろし
今日一日を　精一杯生きたなら
過ぎ去った日々は　幸せの夢
これからの日々は　希望の未来図
だからこそ　一日一日を大切に

（平成22年2月記）

中尾　巧（なかお・たくみ）
弁護士（弁護士法人淀屋橋・山上合同顧問）。
1972年東京地検検事任官。法務省訟務局租税訟務課長、大阪地検特捜部副部長・刑事部長・次席検事、金沢地検検事正、法務省入国管理局長、大阪高検次席検事、大阪地検検事正、札幌・名古屋・大阪各高検検事長等を歴任。2010年弁護士登録後、上場企業の社外役員や法律顧問、公益財団法人入管協会会長などを務める。
著書に『検事の軌跡』『検事の矜持』『法曹一路』『法曹漫歩』『検事長雑記』『検事長余話』（以上中央公論新社）、『弁護士浪花太郎の事件帖』（法学書院）、『検事の風韻』（立花書房）、『中之島の風景』（商事法務）、『検事はその時』（PHP研究所）、『税務訴訟入門〔第５版〕』（商事法務）、『若手弁護士のための弁護実務入門』（成文堂）、『新・税務訴訟入門』（共著・商事法務）、『若手弁護士のための弁護実務入門２』（編共著・成文堂）、『海事犯罪理論と捜査』（共著・立花書房）などがある。

検事《けんじ》の素描《そびょう》

2024年３月25日　初版発行

著　者　中尾《なかお》　巧《たくみ》
発行者　安部順一
発行所　中央公論新社
〒100-8152　東京都千代田区大手町1-7-1
電話　販売 03-5299-1730　編集 03-5299-1740
URL　https://www.chuko.co.jp/

ＤＴＰ　今井明子
印　刷　図書印刷
製　本　大口製本印刷

Published by CHUOKORON-SHINSHA, INC.
Printed in Japan　ISBN978-4-12-005772-4 C0030

中尾巧の本

法曹漫歩

法務検察の世界から弁護士へ、自由な身で、刑事司法から日常の話題まで。示唆に富む持論を展開する異色のエッセイ。ぶれない人生とは？　混迷の時代を生き抜くヒントが随所に！

法曹一路

法と常識を解き、ノルウェー・ベルギーを旅し、水彩画を描く。発想の転換で今を生きる。その源泉は何か？　法曹一筋に歩む元検事長のエッセイシリーズ、待望の第４弾。

検事の矜持

司法の世界で、検事は何を考え、いかに行動し、真実を探るのか――。その思考と行動論理を綴る。趣味・紀行のエッセイも収録。

（『検事はその時』を増補・改題）

検事の軌跡

検事は、「トンボの眼」で見て、「柔らか頭」で考え、決断する――。事件捜査にあたっての思考の真髄が明かされる、元検事長によるエッセイ集。事件エッセイシリーズ最終章！

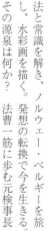